Jugendliche heute -
Besser als ihr Ruf

Fakten und Anregungen zu den Themen Jugendkriminalität, Übergewicht, Vorurteile, Sucht, Schule und Gewaltprävention

BaER® Schulungszentrum Essen
Deeskalation, Gewaltprävention und Coaching
Tim Bärsch

Jugendliche heute – Besser als ihr Ruf
Fakten und Anregungen zu den Themen Jugendkriminalität, Übergewicht, Vorurteile, Sucht, Schule und Gewaltprävention
Copyright © 2012 Tim Bärsch
Text, einige Zeichnungen und Satz: Tim Bärsch
Zeichnungen: Sophie Hohlfeld gekennzeichnet mit dem Kürzel *SoHo*
Coverfoto: © Stuart Monk (www.fotolia.com)
Covergestaltung: Guido Zimmermann (www.guidozimmermann.com)

Bibliografische Information der Deutschen Nationalbibliothek

Die Deutsche Nationalbibliothek verzeichnet diese Publikation in der Deutschen Nationalbibliografie; detaillierte bibliografische Daten sind im Internet unter http://dnb.d-nb.de abrufbar.

Herstellung und Verlag: BoD - Books on Demand, Norderstedt
ISBN: 9783842376441

BaER® Schulungszentrum Essen
Bewältigung **a**ggressiver **E**motionen & **R**eaktionen
Deeskalation, Gewaltprävention und Coaching
Geschäftsführung: Tim Bärsch
Internet: http://www.baer-sch.de
Epost: kontakt@baer-sch.de

Inhaltsverzeichnis

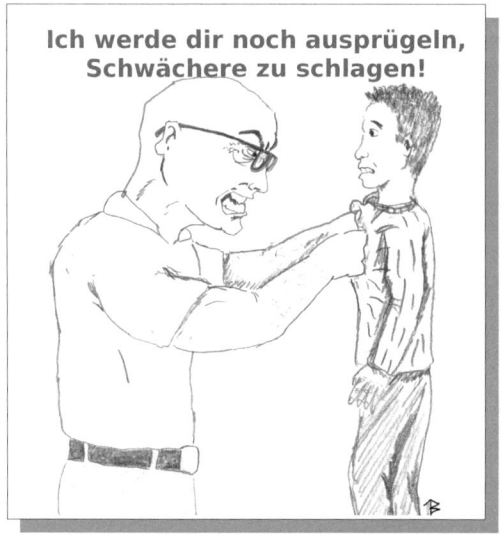

Vor-denken

„Das Jahrtausend war noch jung. Die Menschheit hatte der Natur viele Geheimnisse entrissen. Wissenschaft und Technik verdrängten den Glauben an das Übernatürliche. Doch das Böse existierte und es war schlau. Aus dem Dunkeln griff es an und holte sich seine Opfer."
(Hörspiel John Sinclair Edition 2000)

In einer Werbung aus den 90er Jahren steht ein Mann mit seinem Auto im Stau. Vor ihm schaut ein fetter und hässlicher Junge aus dem Rückfenster. Das Kind zieht Grimassen und streckt die Zunge heraus. Dieser „ungezogene Abschaum" steht für alles, wie die Jugend gerne gesehen wird: dick, doof und böse (ungezogen). Den möchte man doch zurechtweisen oder eine Tracht Prügel verpassen. *Schließlich hat er es verdient.* In dem Werbespot kommt nun die Rache. Der Mann zuckt unter dem Lenkrad eine Portion Pommes von McDonalds hervor und isst diese genüsslich vor den Augen des Kindes. Traurigkeit und Enttäuschung beim Dicken. Der Zuschauer hat seine Genugtuung und seinen Spaß. Der dicke Junge wurde für seine Leistung bestimmt in der BigMac-Währung bezahlt.

Mein Ziel mit diesem Buch ist es, zu zeigen, dass Jugendliche wirklich so sind: dick, doof und böse. Ich möchte aber auch zeigen, dass es zu dieser Phase gehört und dass die Jugend ein Spiegel der Gesellschaft ist. Außerdem soll das Buch Anregungen zur Vorbeugung geben. Es soll hierbei keinen Quantensprung in der Prävention bringen. Physikalisch gesehen wäre es eine „kleinstmögliche Zustandsänderung, meist von einem hohen auf ein niedriges Niveau". Und ich möchte natürlich ein höheres Niveau erreichen. *(Sie merken, manchmal bin ich ein Klugscheisser und prahle mit meinem unnötigen Wissen. Da ich meine direkte Umwelt nicht dauernd nerven möchte, kommt das alles in dieses Buch.)*

Seit langer Zeit beschäftige ich mich mit Jugendkriminalität und ihrer Prävention. Ich liebe Statistiken und schreibe gerne meine Ideen nieder. Dabei geht es nicht immer um absolute Wahrheiten, sondern auch um meine Erkenntnisse. Da ich alles wieder schnell vergesse, schreibe ich es lieber auf.

„Die schwächste Tinte ist besser als das beste Gedächtnis."
(Chinesisches Sprichwort)

Sonstiges:

- Liebe **Leserinnen**, bitte fühlen Sie sich auch angesprochen, wenn ich im Folgenden nur die männliche Form verwende. Die einzigen Gründe dafür sind die bessere Lesbarkeit, die sprachliche Einheitlichkeit und *weil ich ein Macho bin.*

- Wörter, auf deren **Stamm** und deren **Bedeutung** ich besonders hinweisen möchte, habe ich durch einen Bindestrich getrennt und verbunden.

- **Humor** (gerade schwarzer Humor) ist meine Art mit schlimmen Themen (z.B. Gewalt) umzugehen. Es ist für mich eine innere Reinigung (Katharsis) und verschafft mir Abstand zu dem Thema. Humor ist durch Kursivschrift gekennzeichnet und ist für das Verständnis des Textes nicht wichtig. (*Manchmal können Sie den Witz vielleicht nicht verstehen oder nicht nachvollziehen. Ist nicht schlimm. Das geht meiner Frau auch oft so. Lesen Sie dann einfach weiter.*)

- Ich bin **kein Wissenschaftler**, kein Doktor der Kriminalistik oder Professor der Erziehungswissenschaften. Deshalb kann es sein, dass Sachen, die ich schreibe, stark vereinfacht und deshalb nicht zu 100% „richtig" sind. Es geht hier um die Hauptaussagen, *nicht um Korinthen.*

- Dass ich mit dem **Fernsehen** aufgewachsen bin, werden Sie an verschiedenen Stellen im Buch bemerken. Das Fernsehen hat mich nunmal geprägt und meine kreativen Vorbilder waren u.a. Peter Lustig, das A-Team, Colt Seavers und Jean Pütz (heute Jack Bauer und Michael Scofield).

- **Bedanken** möchte ich mich bei meinen (Haupt-)Lehrern, denen ich viel zu verdanken habe und aus deren Lehren sich meine Ideen entwickelt haben: Stefan Tebbe (Kampfkunst WingTsun), Anita Heyer (NLP), Reiner Gall (Konfrontative Pädagogik) und Thomas Schut (Erlebnispädagogik)

- **Vielen Dank** an: Sibylle Bärsch, Marian Rohde, André Karkalis, Simone Haneke, Holger Schlafhorst, Petra Weinstein, Stefanie Martin, Ralf-Erik Posselt, Samuel Meffire, Frank Langer, Rainer Grebert, Christof Nicpon, Andreas Janßen, Silke Arnold, Kristina Krahn und Frank Müller **Außerdem Dank** an mein MacBook, Meyerbeer- und Senseo-Kaffee, ohne die meine Bücher nicht so schnell möglich gewesen wären. ;-)

Tim Bärsch / Essen im Februar 2012

1   Gewalt

Patrick: *„Hast du meine Unterhose gesehen?" - Sandy: „Äh...Nein."*
- Patrick: „Möchtest Du sie sehen?"
(Dialog aus der Zeichentrickserie Sponge-Bob)

Es gibt einfach Sachen, die möchte man weder sehen noch hören. Gewalt gehört oft zu diesem Bereich. Zuviel davon mitzubekommen ist auf jeden Fall ungesund, egal ob als Opfer, Täter, Zuschauer oder Helfer. Nicht umsonst sind einige meiner pädagogischen Kollegen mittlerweile fix und fertig (neudeutsch „Burnout"), weil sie aus diesem Sumpf kopfmäßig nicht mehr herausfanden.

Es gibt Studien, dass es gesünder ist, <u>nicht</u> die täglichen Nachrichten zu schauen. Nachrichten bringen nunmal hauptsächlich schlechte Meldungen und viel Gewalt. Schon nach einen Monat war eine Gruppe entspannter und nachweislich gesünder, nur weil sie nicht mehr mitbekam, was so in der Welt Schlimmes passiert.

<u>Deshalb</u>: Beschäftigen Sie sich also nicht zu viel mit so schlimmen Dingen, z.B. mit den Themen *Jugend* und/oder Gewalt. ***Tja, leider schon zu spät!*** Jetzt haben Sie dieses Buch gekauft und möchten es natürlich auch lesen.

1.1   Was ist Gewalt?

„Wo ich sitze, ist immer oben." (Otto von Bismarck)

Bevor wir in das Thema Gewalt einsteigen, sollten wir erst einmal klären, was Gewalt überhaupt ist. Definitionen aus Büchern herauszuschreiben und in seiner Doktorarbeit zu verwursten, ist auf jeden Fall sehr anstrengend und sehr humorlos. Da kann man als Mensch, der wenig arbeiten möchte *(z.B. als Politiker)* schonmal auf die Idee kommen, Ghostwriter zu beauftragen oder die Kopierfunktion von Schreibprogrammen zu nutzen. *Übrigens heißt die Autobiografie von Großvater Karl Theodor zu Gutenberg „Fußnoten".*

1.1.1 Gewalt ist *nicht* lustig

„712 Anklagen wegen Erpressung, 849 wegen Betrug, 246 Anklagen wegen Unterschlagung, 87 wegen Verschwörung zum Mord, . . . 527 Anklagen wegen Behinderung der Justiz. Angeklagte, worauf plädieren sie?" - „NICHT SCHULDIG!"
(aus dem Film „Batman – the dark knight")

Gewalt kann einen gewissen Witz haben, besonders für Leute mit schwarzem Humor. Voraussetzung ist, dass man selbst nicht Opfer ist und die Opfer nicht kennt und mag. In unserer gewaltarmen Gesellschaft (*Falls Sie es nicht bemerkt haben: Dies war schon der erste Witz!*) üben immer **nur** die anderen Gewalt aus: Die USA, die Nazis, die Araber, die Juden, die Multi-Kulti-Gangs, die Rapper, die Jugend allgemein usw. Man selbst ist am Stammtisch Realist, aber gewaltfrei. Es sei denn, es geht um Kinderschänder, muslimische Terroristen *oder den FC Bayern München. Diese haben nun mal den Tod verdient.* Mit viel Halb- oder eher BILD-Zehntelwissen wird da gerne über Gott und die Welt geurteilt. Dabei hat die Medaille immer zwei Seiten und so kann Gewalt auch positive Seiten haben: Die staatliche Gewalt, wenn man gerade überfallen wurde oder ein guter Boxkampf. *Oder seit die somalischen Fischer ihren Beruf wechselten und gewalttätige Piraten wurden, hat sich der somalische Fischbestand erholt.*

Gewalt kann aber auch faszinierend und anziehend wirken. Was macht Gewalt eigentlich so interessant?

- Gewalt schafft klare Eindeutigkeit.

- Mit Gewalt können Ziele durchgesetzt werden.

- Gewalt sichert Privilegien, z.B. Ansehen in einigen Gruppen.

- Glückshormone können aktiviert werden.

- Gewalt wird oft mit Ehre, Stolz und Männlichkeit verbunden und/oder gleichgesetzt.

1.1.2 Das ist Gewalt

„Der Teufel ist ein Optimist, wenn er glaubt, dass er die Menschen schlechter machen kann." (Karl Kraus)

Nun aber zu den Definitionen von Gewalt. Im Lexikon wird Gewalt mit „Staatsmacht, Brutalität, Härte" gleichgesetzt. Es existieren viele Facetten dieses Begriffes. Eine bekannte Definition ist vom Konfliktforscher Johan Galtung:

„Gewalt liegt dann vor, wenn Menschen so beeinflusst werden, dass ihre aktuelle somatische und geistige Verwirklichung geringer ist als ihre potentielle Verwirklichung."

Gewalt ist der „Wille zur Macht" (Nietzsche), die „Kraft der Destruktion" oder der „Todestrieb" (Freud). Gewalt wird von R. Grabs als Manifestation von Macht verstanden. Gewalt ist oft grausam und stößt ab. Aber sie fasziniert auch und zieht an. Warum schauen wir sonst so gerne Thriller, Grusel- und Horrorfilme. Da kommen nicht selten Massenmorde, Gemetzel, Hinrichtungen, Massaker, Blutbäder und Schlachtfeste vor.

Gewalt gab es zu allen Zeiten. Wir wissen, dass bereits der erste geborene Mensch (Kain) ein Mörder war, laut Untersuchungen 2% der Steinzeitmenschen durch Keulenschläge auf den Kopf starben, das Mittelalter brutal war, die Weltkriege erbarmungslos waren und es auch heute oftmals (un-)menschlich zugeht. 1776 war übrigens das letzte Jahr, in welchem keine Nationen gegeneinander Krieg führten. Kriege zu führen oder jemanden zu schlagen, ist auf jeden Fall Gewalt. Jemanden aufzuschlitzen auch. Aber was ist, wenn der „Aufschlitzer" einen weißen Kittel trägt und mit einem Skalpell den entzündeten Wurmfortsatz des Blinddarmes entfernen möchte?

Bei Gewalt kommt immer schnell der Begriff Moral mit ins Spiel. Jemanden zu schlagen, der schwächer ist, wird meistens als Gewalt bezeichnet. Aber was ist, wenn der „Schläger" Klitschko heißt und im Boxring steht? Dann wird es Sport genannt, auch wenn der andere hoffnungslos unterlegen ist (z.B. beim Kampf im Nov. 2010 gegen S. Briggs, der mir *fast* leid tat). Vertreter der Gewaltfreien Kommunikation sagen: „Gewalt ist jemanden daran zu hindern, für seine Bedürfnisse zu sorgen."

Zu den Definitionen kommen noch die, die zusätzlich die „strukturelle Gewalt" (Galtung), „symbolische Gewalt" (Bourdieu) oder „kulturelle Gewalt" beinhalten.

Zu meinen Lieblingsdefinitionen gehören „Gewalt zerstört" (Heitmeyer) oder „Gewalt tut weh" bzw. „Gewalt verletzt" (Gewalt Akademie Villigst). Diese Grunddefinitionen verwende ich auch in diesem Buch.

Eigentlich weiß doch jeder, was Gewalt ist. Nur sieht es jeder ein wenig oder völlig anders. Gewalt kommt auf jeden Fall in den besten Familien vor und ist in unserer Gesellschaft nicht selten: egal ob im Krieg, in einer Straßenschlacht, einer Kneipenprügelei oder am Stammtisch. Doch ist Gewalt „natürlich"?

1.1.3   Die Natur Gewalt

„Wenn Schimpansen Schusswaffen und Messer hätten und wüssten, wie man damit umgeht, würden sie ohne jeden Zweifel ebenso davon Gebrauch machen wie wir Menschen." (Jane Goodall)

Wenn Männer in der Kneipe Alkohol zu sich nehmen, kommen sie ihren Trieben und damit ihrer Natur näher. Geschichtlich könnte der **Stammtisch** seinen Namen von der Hirnregion bekommen haben, die hier am meisten benutzt wird: das Stammhirn. Dieses wird auch Reptiliengehirn genannt, weil es dem Gehirn von Reptilien (z.B. Schlangen, Krokodilen, Eidechsen) entspricht. Das Reptiliengehirn kann eigentlich nur in zwei Kategorien denken: Flucht oder Angriff (*Laufen oder Raufen*). Es ist nicht zur Nächstenliebe oder strategischem Denken fähig. *Deshalb gab es in der Vergangenheit auch keine berühmten Philosophen oder Päpste, die Krokodile waren.* An einigen Stammtischen hingegen könnten sie herzlich willkommen sein, wenn sie zusätzlich noch genug Alkohol vertragen. Ist der Mensch also einfach Teil der Natur und deshalb tierisch und „unmenschlich"? *Hat der menschliche Mann nur gelernt, sein Revier mit dreckigen Socken anstelle von Urin zu markieren?* Ist er deshalb zu so grausamen Taten fähig? Wie sieht es denn sonst in der Natur aus?

Killerwale werfen sich Robben zu, bevor sie sie töten. Katzen spielen mit Mäusen, bevor sie morden. Löwen beißen die Kinder ihres Rivalen tot und Krokodile fressen ihre eigenen Kinder, wenn die nicht schnell genug weg sind. Alligatoren ziehen ihre Opfer unter Wasser bis diese langsam ertrinken. *(Übrigens haben diese eine Wassergeschwindigkeit von 32 km/h und fast 20 km/h an Land. Für den Menschen bedeutet dies, dass er nur aufgrund des Radfahrens so gute Chancen im Triathlon hat.)*

Unsere nahen Verwandten, die **Schimpansen**, sind nicht viel anders als wir: Sie haben eine strenge Hierarchie, schlagen, treten, töten, mobben, setzen Waffen ein, vernichten andere Gruppen usw.

> *„Die Schimpansen agierten fast wie gegenüber Beutetieren und behandelten ihre Feinde, als gehören sie einer anderen Spezies an. Ein Angreifer hielt beispielsweise das Opfer am Boden (indem er sich auf dessen Kopf setzte und die Beine festhielt), während die anderen es bissen, schlugen und traten. Einmal rissen sie eine Gliedmaße aus, dann eine Kehle heraus ...“ (Prof. Frans de Waal)*

Nicht umsonst wird der Mensch von Konrad Lorenz als das Bindeglied zwischen dem Affen und dem Homo Sapiens bezeichnet. Andere nennen uns unbehaarte Affen. Wenn in England alkoholisierte Männer ihr Revier in der Kneipe markieren, sich aufplustern und voreinander „rumhüpfen“, wird dies „monkey-dance“ (Affen-Tanz) genannt. Es gibt also viele Parallelen zwischen uns und den Schimpansen. 99% der Gene stimmen übrigens auch überein.

Die **Bonobos** (auch nahe Verwandte mit 99% Genübereinstimmung) sind hingegen sehr friedlich, empathisch und freundlich zueinander. Es wurde z.B. ein Weibchen beobachtet, welches einen verletzten Vogel aufnahm und pflegte. Also ohne Selbstzweck, sozusagen aus Nächstenliebe. Sind die Bonobos Christen? Oder was läuft da anders? Die Frauen regieren die Gruppe und sie tun etwas, was mit den Werten der christlichen Kirchen so gar nichts zu tun hat. Immer wenn Stress aufkommt, haben sie Sex, egal wo und mit wem. Homosexualität ist hier genauso normal wie der Sex mit dem anderen Geschlecht. Bonobos setzen auch Stehgreif-Sex ein, um einander zu begrüßen, Spannungen abzubauen oder Bindungen zu stärken.

Ist dies die **Lösung** für menschliche Konflikte: Sex mit jedem? Wahrscheinlich eher nicht! Ende der 60er Jahre wurde es ja in einigen Kommunen praktiziert. *Ekel war da kein Argument gegen Sex.* Und war da alles friedlicher? Es gab gewalttätige Ausschreitungen, auf welchen u.a. unser späterer Außenminister und Vorsitzende einer *Friedenspartei* mit Motorradhelm auf Staatsbedienstete Steine warf. In dieser Zeit entwickelte sich auch die Terrorgruppe RAF.

Auch werden gerne die friedlichen Stämme aus Afrika, Asien, Australien, Amerika oder *Pandora* genannt, wenn es um das Miteinander ohne Kriege im Verbund mit der Natur geht. In dem Buch „Der Affe in uns" beschreibt Prof. Frans de Waal zwei Dorfälteste der Eipo-Papua in Neuguinea. Sie durften in einem Flugzeug mitfliegen und wollten dabei aber, dass die Tür offen bleibt und sie schwere Steine auf das Nachbardorf abwerfen konnten. Der Anthropologe notierte in seinem Tagebuch, dass er Zeuge der Erfindung einer „jungsteinzeitlichen Bombe" gewesen sei.

Diese Beispiele unserer nahen Verwandten und unserer eigenen Spezies zeigen, dass Gewalt in der Natur vorkommt und somit „natürlich" ist. Der Mensch hat sich noch so weiterentwickelt, dass er das einzige mir bekannte Lebewesen ist, welches für seine Überzeugungen tötet und stirbt. Doch was passiert in den menschlichen Köpfen bei Gewaltsituationen und kann man dies vielleicht auch kontrollieren?

1.1.4 Gewalt ist Stress

„Wer sagt, die ganze Welt sei schlecht, der hat wohl nur so ziemlich recht." (Wilhelm Busch)

Gewaltsituationen sind Stresssituationen. Mittlerweile kennt fast jedes Kind den Begriff „Stress". In Zeiten des Sofort-und-immer-telefonierens, des Coffee-to-go, des Fastfoods, des Stundenhotels, der Minutensuppen und des Sekundenklebers gehört Stress nunmal zum Alltag. Stress gehört zu den Faktoren, von denen Menschen aller Arbeitsbereiche in den letzten Jahren zunehmend betroffen sind. Was passiert in diesen Stresssituationen?

Vereinfacht dargestellt pumpt der menschliche Körper in weniger als einer Sekunde das Blut aus den Gedärmen in die Muskeln. Er wird durch Hormone (Adrenalin, Testosteron, Noradrenalin, Endorphine, Serotonin) schneller, aggressiver und schmerzunempfindlicher. Er kann jetzt besser angreifen oder fliehen (fight or flight).

Leider ist das **Gehirn** nicht gut durchblutet und der Mensch reagiert hauptsächlich wie ein Reptil (Flucht oder Angriff). Durch den Fight-or-Flight-Impuls haben wir schlechten Zugang zu der Großhirnrinde und damit zu unseren Gehirnzellen (Neuronen), die für strategische Überlegungen zuständig sind. Deshalb erbringen wir auch schlechtere Ergebnisse unter Druck. Wenn wir viel Stress haben, können wir einfach keine komplexen Aufgaben erfüllen. Bei Prüfungsstress werden z.B. Aufgaben nicht gelöst, die ein paar Stunden vorher relativ problemfrei gelöst wurden. *Es ist kaum möglich, komplizierte Rechenaufgaben zu lösen, wenn man von einem hungrigen Bären verfolgt wird.*

Geht unser Gehirn von einer Gefahr aus, wird gar nicht erst mit der Großhirnrinde kommuniziert. Sehen wir plötzlich eine Schlange vor uns oder schert das Auto vor uns aus, so reagieren wir, ohne zu denken. Der Reiz wird an den Thalamus (Teil des Zwischenhirns) weitergegeben und bei Gefahr wird die Abkürzung zur Amygdala (Mandelkernähnlicher Teil im Gehirn) genommen.

Der Stress hat biologisch betrachtet seine Sinnhaftigkeit. Stress ist von der Natur für vorübergehende Extremsituationen gedacht. Bei der **Dauerbelastung** in der heutigen Zeit hat Stress viele **negative Auswirkungen:**

- Hoher Blutdruck mit einer langen Liste möglicher Folgen (z.B. Herz-, Augen- und Nierenschäden)

- Gehirn- und Gedächtnisversagen (Konzentrationsschwierigkeiten und eine eingeschränkte Fähigkeit, neue Erinnerungen zu speichern)

- Schwächung des Immunsystems (und damit eine höhere Empfänglichkeit für Infektionen)

- Gewichtszunahme (Das Stresshormon Cortisol fördert die Blutzufuhr von den inneren Organen zu der Muskulatur. Dadurch dauert die Verdauung länger.)

Janice Kiecolt-Glaser untersuchte u.a. die Wundheilung von Menschen, die sich vertragen oder sich streiten (Stress). Die Blutgerinnung, das Abwehrsystem und die Wundheilung waren bei den streitenden Menschen immer um Längen schlechter. Streit ist Stress und damit ganz klar ungesund.

Tierversuche haben sogar gezeigt, dass bei dauerhaftem Stress Gehirnzellen absterben. Deshalb ist Stressbewältigung ein sehr wichtiges Thema (siehe auch Kapitel 3.1.3.). Es ist gesünder und dient auch der Gewaltprävention. Wie bereits geschrieben, sind wir in Stressmomenten nicht so gut zu wohl überlegtem Denken und Handeln fähig. Erst wenn wir den Stress bewältigen, haben wir mehr Handlungsmöglichkeiten und können deshalb besser reagieren.

1.1.5   Zivile Courage

„Nicht jede Lust wählen wir. Nicht jeden Schmerz meiden wir."
(Epikur)

Der Begriff **Zivilcourage** setzt sich aus den beiden Wörtern zivil (lateinisch: civilis, 1. bürgerlich – nicht militärisch, 2. anständig, annehmbar) und courage (französisch: Beherztheit, Schneid, Mut) zusammen. Er kann als bürgerlicher, anständiger Mut übersetzt werden. Gewalt und Übergriffe finden tagtäglich in der Schule, am Arbeitsplatz, auf der Straße, in der Kneipe usw. statt. Viele Menschen reagieren verunsichert und schauen einfach weg. Sie fördern damit unabsichtlich ein Klima von Gewalt.

Im Jahr 1964 wurde die New Yorkerin **Kitty Genovese** vor ihrem Wohnhaus in Queens brutal über mehrere Stunden zu Tode gequält. Insgesamt 38 Anwohner beobachteten den Überfall oder hörten die Schreie des Opfers. Keiner half oder wählte den Notruf. Der spektakuläre Fall bringt die Forschung „Psychologie des Helfens" ins Rollen. In verschiedenen Experimenten konnten Psychologen zeigen, wie leicht Menschen durch äußere Einflüsse vom Helfen abgehalten wurden.

> **„GESTERN WURDE EIN JUNGE VON ZEHN FAHRGÄSTEN MISSHANDELT. NEUN DAVON SIND AUSGESTIEGEN."**
> (Dominik-Brunner-Stiftung)

Die US-Psychologen John Darley und Bibb Latané gehören zu den ersten Forschern, die eigene **Experimente zur Hilfsbereitschaft** durchführen. 1968 wurden Probanden eingeladen, um angeblich an einer Diskussion über Probleme im Studium teilzunehmen. Sie ahnten nicht, dass in Wirklichkeit ihre Hilfsbereitschaft getestet werden sollte. Die Probanden saßen einzeln in einer Kabine und sollten sich über Kopfhörer und Mikrophon mit anderen Personen in benachbarten Kabinen unterhalten. Doch statt einer echten Diskussion wurde ihnen nach kurzer Zeit eine Tonbandaufnahme vorgespielt, auf der ein Mann einen epileptischen Anfall erlitt und dabei um Hilfe rief. Die erste Probandengruppe glaubte, allein mit dem Mann vom Tonband zu sein. Die zweite Gruppe glaubte, sie wären zu dritt. Die dritte Gruppe dachte, es wären insgesamt sechs Leute anwesend. Das Ergebnis war erschreckend: Je mehr Menschen anwesend sind und helfen könnten, desto seltener schreitet der einzelne ein. Die Psychologen nennen dieses Phänomen „Verantwortungsdiffusion". Das Experiment hat außerdem gezeigt, dass es für den so genannten **„Bystander-Effekt"** gar nicht notwendig ist, die anderen Personen und ihre Reaktion zu sehen. Allein die Annahme, es seien noch andere Menschen da, führt dazu, Verantwortung abzugeben. Deshalb halten auf einsamen Landstraßen Autofahrer eher an als bei vielbefahrenen Straßen. Je mehr Menschen da sind, desto seltener und später erfolgt Hilfe.

In einer Studie von P. R. Amato (1983) zeigte sich, wie unterschiedlich das Hilfeverhalten zwischen Großstädtern und Kleinstädtern gegenüber einem auf der Straße gestürzten Mann ist. Dabei kam heraus, dass in den Kleinstädten über 50% der Zeugen halfen und in den Großstädten lediglich 15%.

1975 fuhr Prof. Moriarty (*Es handelt sich nicht um den Gegner von Sherlock Holmes*) mit seinem Team an den Strand und führte dort seine Versuche durch. Ein Lockvogel hat seine Kleidung an den Strand abgelegt. Danach ist er schwimmen gegangen und wurde sichtlich beklaut. In weniger als 20% der Fälle wurde eingeschritten. Bei der zweiten Versuchsreihe bat der Lockvogel einfach jemanden, auf seine Sachen aufzupassen. Diese schritten in 95% der Fälle ein. Werden Personen also direkt angesprochen, ist die Wahrscheinlichkeit viel höher, dass sie helfen.

Die Wissenschaftler Darley und Batson legten 1973 einen scheinbar verletzten Menschen an die Straßenseite und beobachteten das Hilfsverhalten von Theologiestudenten, die zu einem Seminar gingen. Selbst wenn sie im Seminar über das Thema „Der barmherzige Samariter" zu referieren hatten, hatte Zeitdruck einen viel größeren Einfluss auf das Hilfeverhalten. Von den Studenten, die unter Zeitdruck gesetzt wurden, halfen dem „Opfer" nur 4%; jene die unter keinem Zeitdruck standen, halfen zu 63%.

Insgesamt helfen Menschen also eher, wenn:

- sie die einzigen sind, die helfen können (Bystander-Effekt).
- ein Mann mit Fotoapparat in der Nähe ist (Presse-Effekt).
- sie die Umgebung kennen (Wohlfühl-Effekt).
- sie nicht unter Zeitdruck stehen.
- sie direkt angesprochen werden (Verantwortungs-Effekt).
- die Hilfsperson nach Vermögen aussieht (Belohnungs-Effekt).

Es gab Untersuchungen, ob Personen geholfen wird, die in der U-Bahn umfallen.
Insgesamt wird den Menschen eher <u>nicht</u> geholfen, wenn:

- sie anscheinend betrunken waren (Selbst-Schuld-Effekt).
- sie im Gesicht bluteten (Hier-muss-ein-Arzt-her-Effekt).
- sie eine Narbe im Gesicht hatten (Frankenstein-Effekt).
- viele Leute da waren (Bystander-Effekt).
- die Helfenden das Hinfallen nicht selbst gesehen haben.
- die Helfenden schlechte Laune hatten.

Lehrer freuen sich heute, wenn Schüler im Rahmen ihrer Möglichkeiten kommunizieren.

In vielen Gewaltfällen haben die Täter einen gewissen Bekanntheitsgrad erreicht. Anders war es im September 2009 in München. Der Geschäftsmann **Dominik Brunner** beschützte hier vier Schüler und wurde aus Rache von den zwei Tätern zu Tode geschlagen und getreten. Nach seinem Tod bekam er einige Ehrungen, u.a den bayerischen Verdienstorden, das Bundesverdienstkreuz 1. Klasse, einen Platz in Dietzenbach, eine Kinderkrippe, eine Stiftung, einen Weg in München und eine 2,2-Meter-Statur in seiner Heimatstadt Ergoldsbach. Es ist mehr als schade, dass ein Mensch erst versterben muss, bevor er für seine Ideale geehrt wird.

Es gibt einfach so viel Gewalt und es gibt viele „gute" Gründe, anderen Menschen nicht zu helfen. Sollen wir bei soviel Gewalttätigkeit und so wenig Zivilcourage etwa am besten zu Hause bleiben? Sie werden mir zustimmen, dass Schiffe am sichersten im Trockendock sind. Aber dafür sind Schiffe nun einmal nicht gebaut. So verhält es sich auch bei uns Menschen. Sie können nicht den ganzen Tag im Haus bleiben. Sie können aber zuversichtlich hinausgehen und etwas zu einer besseren Welt beitragen.

> **ZIVILCOURAGE KANN MAN TRAINIEREN.**
> **DENN ZIVILCOURAGE BEGINNT IM KOPF.**
> (Dominik-Brunner-Stiftung)

1.2 Wissenswertes

> *„Ich weiß nicht, mit was für Waffen der Dritte Weltkrieg geführt wird,*
> *aber der Vierte wird mit Stöcken und Steinen ausgetragen."*
> *(Albert Einstein)*

Es gibt viele Informationen, die zu dem Themenbereich „Gewalt" gehören. Vielleicht ist nicht jeder Ansatz für Sie interessant. Jedes Kapitel kann aber auch für sich alleine stehen, d.h. Sie können Kapitel überspringen und den Rest des Buches trotzdem verstehen.

1.2.1 Aggressivität ist ein Fehler im Gehirn

> *„Es könnt' alles so einfach sein – isses aber nicht."*
> *(Die Fantastischen Vier)*

Der Mensch entwickelte sich vor ca. 200.000 Jahren in Afrika. Die letzten Veränderungen an den menschlichen Genen und am Gehirn wurden vor ca. 100.000 Jahren vorgenommen. Damals gab es noch *nicht so viele* Autos, Fastfood oder chronischen Stress. Deshalb kommt es heute manchmal zu Problemen. Die Evolution hat über Jahrmillionen das Gehirn zu einem perfekten Werkzeug geformt – perfekt für Jäger und Sammler in der Savanne. Seit dieser Zeit gab es für unsere Gesellschaft kein Update. Es existiert immer noch das Gehirnbetriebssystem 1.0. *Da es einfach nicht optimal an die heutigen Bedingungen angepasst ist, hat man manchmal das Gefühl, dass es auch von Microsoft entwickelt worden sein könnte.*

Das menschliche Gehirn hat zwischen 100 Milliarden und einer Billion (*12 Nullen*) Gehirnzellen (Neuronen). Jede einzelne Zelle ist mit bis zu 10.000 anderen verbunden. Unser Gehirn verbraucht 20% unserer Energie. Täglich strömen 1.200 Liter Blut durch das Gehirn und liefern so 75 Liter reinen Sauerstoff. Wird der Sauerstoff für zehn Minuten vorenthalten, kommt es zu dauerhaften Schäden. Das Gehirn wiegt ca. 1,4 kg und damit um die 2,3% der Körpermasse. Bei Hunden sind es 0,72%, bei Kaninchen 0,48% und bei Pottwalen 0,02% der Körpermasse. Menschen sind nun mal Kopftiere. Die Natur hat es so eingerichtet, dass der Kopf so groß wie möglich ist, und trotzdem noch (unter großen Schmerzen) durch den Geburtskanal passt.

Unsere Großhirnrinde macht uns zur flexibelsten Art dieser Erde. Die alte Legende, dass Menschen nur in der Kindheit lernen, wurde mittlerweile von der Gehirnforschung (Neurowissenschaft oder Neurobiologie) widerlegt. Täglich kann das Gehirn um bis zu 40.000 Neuronen wachsen. Auch das erwachsene Gehirn ist in der Lage, sich zu verändern, sich zu reparieren oder zu wachsen.

Das Gehirn funktioniert wie ein Muskel. Benutze ich einen Bereich oft, so wird dieser immer stärker. Spreche ich also regelmäßig mehrere Sprachen, so werden diese Regionen im Gehirn öfter angesprochen und die Verbindungen zwischen den betroffenen Gehirnzellen werden stärker. Benutze ich einen Bereich selten, so wird dieser kleiner und kann verkümmern. Meide ich Musik und Rhythmus in jeglicher Form, so werden die Verbindungen zwischen diesen Gehirnzellen langsam abgebaut. Ich werde dadurch immer „unmusikalischer". Bestimmte Informationen werden in bestimmten Teilen des Gehirns gespeichert. Zum Beispiel ist der Hippocampus im Gehirn für das Speichern von Orten zuständig. Diese Region ist wichtig, um sich in der Welt zurecht und Orte wieder zu finden. Bei Taxifahrern in London hat man deshalb einen überdurchschnittlich großen Hippocampus festgestellt. Jeder, der schon mal in London war, weiß warum.

In unserer Gesellschaft wird es gerne gesehen, dass man sich auf eine Sache konzentriert und diese richtig macht. Doch hierbei werden nur wenige Regionen im Gehirn angesprochen. Dies kann zu einer Schrumpfung des Gehirns führen. Der Neurologe Lionel Feuillet (Universität Marseille) entdeckte z.B. einen 44-jährigen Beamten einer Steuerbehörde, der nur über 10% der üblichen Gehirnmasse verfügte. Der IQ war zwar unterdurchschnittlich, aber er kam ganz gut zurecht. Die „Gehirngröße" fiel nur auf, weil der Mann aufgrund eines Beinleidens unter den Kernspin- und Computertomographen durfte. Unsere Gesellschaft mag einfach Fachidioten und fördert diese. *Wir brauchen einfach nur weniger Gehirn, um in dieser Gesellschaft gut zurecht zu kommen.*

Auch das Phänomen Aggressivität wurde immer wieder von Gehirnforschern untersucht:

Der **präfrontale Kortex,** auch Stirnlappen genannt, ist unser „Betriebsrat" im Gehirnbetrieb. Er ist unser „schlechtes Gewissen" und auch unser "Hemmungsmechanismus", der uns eine Faust in der Tasche machen lässt, bevor wir unseren Chef als „A...loch" beschimpfen. Ohne den Stirnlappen würden wir uns „hemmungslos" verhalten.

Der bekannteste Mensch ohne Stirnlappen hieß **Phineas Gage**. Er galt als fleißig, zielstrebig, klug und energisch. 1848 wurde er durch eine Explosion stark am Kopf verletzt. Eine Eisenstange schlug ein Loch in den Kopf und zerstörte große Teile des Gehirns. Hauptsächlich den vorderen Teil, welcher für die Verarbeitung von Gefühlen zuständig ist. Phineas Gage überlebte und war danach wie ausgewechselt. Er war nun launisch, respektlos, erzählte Lügengeschichten und war aggressiv. Bekannte berichteten, dass er ein ganz anderer Mensch geworden sei.

Der amerikanische Hirnforscher Antonio R. Damasio schreibt von jungen Menschen, die Verletzungen am Stirnhirn erlitten und sich zu Soziopathen entwickelten. Nach Prof. Richard Davidson (Universität Wisconsin) stecken hinter der Aggressivität „Fehler in jenen Schaltkreisen des Gehirns, mit denen wir unsere Gefühle regulieren."

Doch nicht nur solche Unfälle, sondern auch chronischer Stress kann die Nervenzellen bestimmter Hirnregionen schädigen. Je länger Kriegsveterane an der Front waren, desto kleiner sind Hirnregionen, wie z.B. der präfrontale Kortex. Ähnliche Ergebnisse fand man auch bei Missbrauchsopfern.

Prof. Adrian Raine (Universität Südkalifornien) untersuchte 1998 die Hirnaktivität von 41 Mördern. Teile des präfrontalen Kortex waren auffallend gering aktiv. Sie erinnern sich: *Der Kortex ist der Betriebsrat im Kopf.* Das „Glückshormon" Serotonin wurde bei aggressiven Männern im Stirnhirn nur in sehr geringen Mengen nachgewiesen. Ist dieses Hormon in zu geringen Mengen vorhanden, so geraten die Gefühle **„außer Kontrolle"**. Teile der Amygdala (Mandelkern) waren hingegen sehr aktiv. Dieser Bereich ist u.a. für die Verarbeitung von negativen Gefühlen wie Angst oder Furcht zuständig.

In der **Pubertät** ändert sich auch die Hirnstruktur. Der präfrontale Kortex wird dabei zerstört und wieder aufgebaut. *Aufgrund von Umbauarbeiten vorübergehend geschlossen.* Deshalb geraten auch einige Jugendliche **„außer Kontrolle"**. Viele Verhaltensweisen in der Jugend sind durch diesen „Hirnschaden" zu erklären, *z.B. auch einige meiner Erlebnisse.* Mit 25 Jahren ist die Baustelle Gehirn meist fertig und da setzt dann oft auch erst langsam der „Verstand" ein.

Fazit: Gewalttäter und Jugendliche haben einen „Hirnschaden"!

1.2.2 Bauch schlägt Kopf

> *„Und im Zweifelsfalle, mein Herr Meriadoc, sollte man immer seiner Nase folgen!" (Gandalf aus „Herr der Ringe")*

Der Mensch hat drei Intelligenzen:

* Gehirn – Darm – Immunsystem

Alle drei sind durch Gefühle miteinander verbunden. Ärger im Kopf ist Gift für den Darm und das Immunsystem. Das haben Sie wahrscheinlich auch schon beobachtet oder am eigenen Leib erfahren.

Im **Darm** befindet sich das „enterale" Nervensystem. Dort wird selbstständig gedacht. Es ist sozusagen das zweite Gehirn. Erforscht wird der Darm seit dem 19. Jahrhundert und 1981 bewies der Neurobiologe Michael Gershon, dass dieser komplett eigenständig arbeitet. Der Darm ist so eigenständig, dass dieser erst 24 Stunden später den Tod des Menschen bemerkt und aufhört zu arbeiten. Er besitzt die gleichen Neuronen (ca. 100 Millionen) wie das Kopfgehirn. Zudem wirken die gleichen Neurotransmitter und Neuromodulatoren. Fast alle chemischen

Vorgänge, die im Kopf fürs Denken, Erinnern und Planen sorgen, finden auch im Verdauungstrakt statt. 95% des „Glückshormons" Serotonin befinden sich im Darm. Der Bauch „spricht" mit unserem Bewusstsein über Gefühle. Auch wenn sich der Mensch für ein „Kopf-Wesen" hält, so ist er doch vornehmlich ein „Bauch-Wesen". Viele Tests zeigen, dass die meisten Entscheidungen gefühlsmäßig entschieden werden und der Kopf dies nachher nur begründet. Selbst beim Einkauf werden über 90% der Waren gefühlsmäßig ausgesucht. Das Gefühl ist für jede Entscheidung sehr wichtig.

Gerade Belohnungs- und Glücksempfindungen sind da entscheidend. Der Psychologe und Glücksforscher Mihaly Csikszentmihaly prägte den Begriff **„Flow"**. Es ist dieses Gefühl scheinbar mühelos fließender Bewegungen. Man ist eins mit der Handlung und alles andere wird vergessen. Bestimmte Bedingungen sind nach dem Wissenschaftler mit dem schwierigen Namen für das Flow-Erleben wichtig:

- Es ist eine Aktivität.
- Es ist eine Herausforderung.
- Zeit und Raum für dieses Erleben sind da.
- Ein klar definiertes Ziel ist zu erkennen.
- Es stellt sich das Gefühl einer gewissen Kontrolle ein.
- Es gibt eine unmittelbare Rückmeldung (über Erfolg oder Misserfolg).

Dann überlegen Sie mal, ob ein Hooligan bei seiner *Hobby-Ausübung* in Flow geraten kann. Ob er wirklich das Gefühl der Kontrolle hat? Darüber kann man sich streiten. Alle anderen Sachen sind klar erfüllt und wenn man sich mal mit Hooligans oder andern Schlägern unterhält, so erkennt man:

Gewalt kann ein Flow-Erlebnis sein.

In Versuchen wurde immer wieder bewiesen, dass Menschen sich eher für das gute Gefühl entscheiden, auch wenn es unvernünftig ist. Der Bauch ist also stärker als der Kopf. Und so prügeln sich viele Menschen, auch wenn sie wissen, dass es unvernünftig ist.

1.2.3 Jeder Kampf hat ein Vorspiel

„Das Leben ist voller Elend, Einsamkeit und Leid – und dann ist es auch noch viel zu schnell vorbei." (Woody Allen)

Der Kampf auf dem Schulhof, in der Disco oder in der Kneipe wird nach dem Selbstverteidigungsexperten Prof. **Keith R. Kernspecht** oft als altertümlicher (archaischer) Ritual- und nicht als Duellkampf bestritten. Beim Duellkampf wollen beide Parteien den Streit und beide haben Chancen, z.B. beim Pistolenduell, Boxkampf oder Wettrennen. Beim Ritualkampf möchte der Aggressor nur seine Überlegenheit und seine Macht zeigen. In Deutschland läuft aber *alles* nach Regeln und Normen. Diese Demonstration der Überlegenheit einer DIN (Deutsches Institut für Normung)-Prügelei erfolgt dann meist in drei Vorstufen oder Eskalationsphasen (A - C).

Übrigens: Die Vorphasen bei den Zielen Gewalt oder Sex sind fast identisch. *Schließlich ist das Ziel ja auch das Gleiche: Der „Täter" ist erst zufrieden, wenn das „Opfer" unter ihm liegt.*

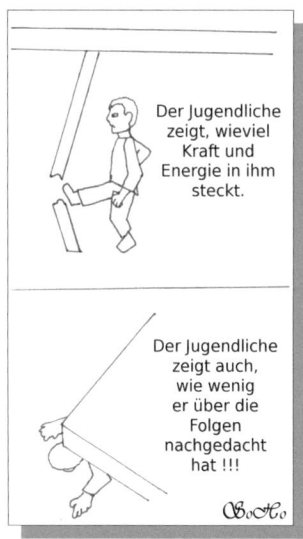

Der Jugendliche zeigt, wieviel Kraft und Energie in ihm steckt.

Der Jugendliche zeigt auch, wie wenig er über die Folgen nachgedacht hat !!!

A. Die Blick-Stufe

In der Blick-Stufe (visuellen Phase) „guckt" sich der Aggressor das Opfer aus und fixiert dieses mit seinen Blicken. Deshalb fühlen sich einige Jugendliche schon durch Blicke angegriffen und der Spruch „Was guckst Du?!" ist schließlich schon ein Klassiker. Längere Fixierung mit Blicken weist auf Interesse des Guckers hin (z.B. Sex oder Gewalt). Plötzliches Absenken des Blickes wird als Schwäche und damit als Opferhaltung interpretiert. Jetzt weiß der „Jäger", dass er eine „Beute" vor sich hat.

B. Sprech-Stufe

In der Sprech-Stufe (verbalen Phase) des Ritualkampfes wird das vermeintliche Opfer „angemacht". Der Aggressor nähert sich dem Opfer an und „plustert" sich durch seine hohlen Phrasen auf. Hier wird schon mal angetestet, was das Opfer so

„drauf" hat. Auch hier und in der nächsten Phase kann man Parallelen zum „Jagdverhalten" eines „Machos" in der Diskothek erkennen. Sucht man einen *Koituspartner (Sheldon-Sprache)*, beginnt man mit so *tollen* Sprüchen, wie:

- „Hast du mal Feuer?"
- „Tat es eigentlich weh, als du vom Himmel gefallen bist?"
- „Hat dieses schöne Gesicht auch einen Namen?"
- „Dein Vater muss ein Dieb gewesen sein, dass er die Sterne vom Himmel geholt und dir in die Augen gelegt hat!"

Ähnlich hirn- und sinnfrei sind die Anmachsprüche für die Prügelei:

- „Was guckst du?!"
- „Willst du ein Passfoto?!"
- „Bin ich Kino?!"

Danach kommen oft einige *intelligente* Drohungen:

- „Ich fick dich!"
- „Ich fick deine Mutter!"
- „Ich fick deine Schwester!"
- „Ich fick deinen Bruder!"
- „Ich fick deine Familie!"
- „Ich weiß, wo dein Haus wohnt!"
- „Dein Stammbaum ist ein Kreis!"
- „Ich fick deine Dschäneräschn (Generation)!"
- „Wenn ich dich kriege, fick ich deine Mutter!"

Ein bisschen kreativer ist da schon: „Du musst nicht traurig sein, dass deine Eltern sich trennen. Sie bleiben schließlich noch Geschwister!" Im letzten Jahrzehnt haben sich „Deine-Mudda-Sprüche" durchgesetzt, um den anderen und seine Familie zu beleidigen. Die ersten beiden Worte reichen oft schon, dass es zu Ärger kommt. Lustiger ist es natürlich, wenn der gesamte Spruch gehört wird:

- „Deine Mudda war schon als kleiner Junge hässlich!"
- „Deine Mudda fragt bei SMS-Guru, wer dein Vater ist!"
- „Google Earth hat angerufen: Deine Mudda steht im Weg!"

- „Deine Mudda geht in den Park und frisst den Enten das Brot weg!"
- „Deine Mudda hat mehr 3er als BMW!"
- „Deine Mudda sagt zu dir Hurensohn!"
- „Deine Mudda arbeitet in der Losbude als Niete!"
- „Deine Mudda arbeitet auf einem Fischkutter als Gestank!"
- „Deine Mudda sitzt bei Aldi unter der Kasse und macht Piep!"
- „Deine Mudda steht vor Kik und schreit: Ich bin billiger!"
- „Deine Mudda ist noch schlechter im Bett als deine Freundin!"
- „Deine Mudda ist schwarz und fährt das Auto vom A-Team!"
- „Deine Mudda ist behaart und spricht Wookie!"

Der Universalspruch zur Kampfansage ist und bleibt einfach: „Hurensohn!"
Natürlich funktionieren auch andere Beleidigungen wie z.B. „Bastard", „Opfer"
oder „Schäfchen". Für Frauen sind „Schlampe", „Bitch" oder „Hurentochter" zu
empfehlen.

C. Körperkontakt-Stufe

In der Körperkontakt-Stufe (taktilen Phase) kommt es zu ersten körperlichen
Berührungen. Hier fragt sich der Täter: „Wie weit kann ich gehen und was lässt
mein Gegenüber zu?" Das Opfer wird geschubst, angefasst oder geohrfeigt. Die
Stärke und die Widerstandskraft des Opfers werden weiter ausgetestet. Der Täter

Okay, ich bin paranoid. Damit ist aber nicht bewiesen, dass sich nicht doch alle Menschen gegen mich verschworen haben!!!

möchte sich weiter aufbauen, sich Mut machen
(Adrenalin-Monster) und gleichzeitig sein Opfer
runter-machen.

> *„Der Worte sind genug gewechselt,*
> *lasst mich auch endlich Taten sehen."*
> *(Johann Wolfgang von Goethe)*

Danach kommt es zum eigentlichen Kampf. Nach
dem Einsatz von Fäusten, Ellbogen, Knien und
Kopfstößen wird das Opfer zu Fall gebracht oder
bricht zusammen. Der Abschluss kann durch Tritte
am Boden oder durch das Nach-schlagen mit
Gegenständen erfolgen.

1.2.4 Körper – Macht – Gewalt

*„Die Jugend ist etwas Wundervolles. Es ist eine Schande, dass man
sie an Kinder vergeudet." (Georg Bernard Shaw)*

Ich hoffe, Sie haben das kleine Wortspiel in der Überschrift bemerkt. Die
Körpersprache ist die älteste Sprache der Welt und es gibt in den verschiedenen
Kulturen leichte Variationen. Sie können viele Gemeinsamkeiten wieder
entdecken, z.B.: **„Groß ist besser als klein"**. Im Deutschen heißt es: Sie sind
„mickerig", „kleinmütig", „niederträchtig", „kleinlaut", ein „Kleingeist", haben
„niedere Instinkte" oder kommen aus der „unteren Schicht". Um dem Gegenüber
Respekt zu erweisen, machen wir uns kleiner. Sie nehmen zur Begrüßung den Hut
ab, verbeugen sich („einen Diener machen") oder machen sogar einen Knicks. Die
„Vogelperspektive" (von oben nach unten) wird beim Film eingesetzt, um zu
zeigen, dass Sie als Zuschauer groß und auch überlegen sind.

Dem gegenüber stehen die aus der „Froschperspektive" gesehenen „hohen
Herren" (auch „Hoheit" genannt), die „großen Tiere" oder die „Großen dieser
Welt", die auf dem Treppchen „oben" stehen. Sie stehen „über" den anderen und
können diese „überzeugen", „überreden", „übertrumpfen" oder einfach
„überragen". Die Götter wohnen oben im Himmel oder auf dem Olymp. Die
Symbole der Macht und des Erfolges sind auch schon immer groß gewesen, z.B.
die Pyramiden, die Kirchen oder Wolkenkratzer. Obwohl körperliche Länge nicht
notwendig ist, um in unserer Gesellschaft erfolgreich zu sein, sind die beruflich
erfolgreichen Menschen im Durchschnitt größer als der
Bevölkerungsdurchschnitt. Auch glaubt der Mensch, dass erfolgreiche Menschen
größer sind. Nach Schätzungen von Studenten waren ihre Professoren größer als
sie wirklich sind und Mitstudenten kleiner. Unsere Gesellschaft sieht „lange"
Menschen als attraktiver, belastbarer und leistungsfähiger. *Da ich mit 173 cm eher
ein kleinerer Mann bin, finde ich diesen Umstand* **blöd**. *Nicht nur, dass ich
Zwergenwitze und Sprüche wie: „Du siehst aus wie ein Türsteher, nur kleiner!"
ertragen muss. Es gibt auch noch Untersuchungsergebnisse aus Spanien und den
Niederlanden, dass kleinere Männer eifersüchtiger sind und weniger Frauen
abbekommen. Na toll!!!* Zum Glück gibt es Gegenbeispiele, also Personen, die
klein <u>und</u> erfolgreich sind: Al Pacino (168 cm), Moritz Bleibtreu (173 cm),
Sylvester Stallone (173 cm), Michael J. Fox (162 cm), Dominique Strauss-Kahn
(170 cm), Napoleon Bonaparte (166 cm), Nicolas Sarkozy (165 cm) *oder Yoda
(66 cm).*

Der erfolgreiche Mensch ist also oft **groß**, macht ausladende Bewegungen, hat ein riesiges Büro, geht raumgreifenden Hobbys (Golf, Segeln) nach, hat „viel" Grundstück, eine Villa mit vielen Zimmern (*auch unnötigen wie z.B. dem Geschenkeinpackzimmer*). Ansehen zeigt sich in Größe. Das zeigt sich natürlich auch bei dem Phallussymbol „Auto". *Deshalb konnte sich beim Mann auch nie der Smart durchsetzen. Welcher Mann möchte schon damit angeben, dass er quer in die Lücke passt.* Ihm ist mehr die Größe der PS-Zahl wichtig. *Wobei einige noch rätseln, ob PS für Pentium-, Potenz-, Penis-, Playmate- oder Promille-Stärke steht.* Den Größer-Kampf kennt man bereits von Kindesbeinen an. Es geht um weiter pinkeln, höher pinkeln oder seinen kompletten Namen in den Schnee pinkeln. *Da habe ich (Tim) Christopher-Robin gegenüber einen klaren Vorteil.*

Um die Größe auszugleichen, richten wir uns in Streitsituationen auf. Wir machen uns breit und plustern uns auf, um Stärke zu zeigen. Tiere haben zusätzlich Federn oder Haare, die sie zur Vergrößerung einsetzen können. Der Gorilla stellt seine Haare an den Schultern auf, damit er noch breiter und stärker wirkt. Das haben unsere menschlichen Armeen und Polizeikräfte weltweit übernommen und zeigen ihre Stärke in Form von Sternen und anderen Zeichen auf ihren Schultern. Auch die breite Brust vom Gorilla spiegelt sich in der ordenbehangenen „Heldenbrust" wider.

Das Gegenteil davon ist der „**Ängstliche Typ**". Dieser strahlt seine Unsicherheit in Gestik und Mimik aus. Der Begriff Angst kommt aus dem Lateinischen und bedeutet soviel wie „Enge". Der Gang und die Bewegungen wirken „eingeengt" furchtsam und der Gesichtsausdruck scheint besorgt zu sein. Die Haltung ist gebückt, die Beine stehen eng zusammen, die Arme befinden sich vor dem Körper, die Schultern und der Kopf sind nach vorne gebeugt. Der „Ängstliche" schützt alle seine empfindlichen Körperteile, die sich auf seiner vertikalen Mittellinie befinden (Nasenbein, Kehlkopf, Solarplexus, Magengegend und Tiefbereich). Es wirkt so, als würde er sich wie ein Igel zusammenrollen oder sich der Embryonalstellung annähern. Er ordnet sich der anderen Person „unter" und macht sich klein.

1.2.5   Ändern ist nicht leicht

„1. Regel: Ihr verliert kein Wort über den Fight Club.
2. Regel: Ihr verliert KEIN WORT über den Fight Club.
3. Regel: Wenn jemand Stopp ruft, schlappmacht, abklopft, ist der
Kampf vorbei.
4. Regel: Es kämpfen jeweils nur Zwei.
5. Regel: Nur ein Kampf auf einmal.
6. Regel: Keine Hemden, keine Schuhe.
7. Regel: Die Kämpfe dauern genau solange, wie sie dauern müssen.
8. und letzte Regel: Wer neu ist im Fight Club, muss kämpfen."
(Regeln aus dem Film „Fight Club")

Im Kapitel 1.2.2 (Bauch schlägt Kopf) schrieb ich bereits etwas über das Flow-Erlebnis. Jeder dürfte dieses tolle Gefühl kennen. Vielleicht erleben Sie es beim Sport oder beim kreativen Arbeiten. Und jetzt kommt da so ein Mensch zu Ihnen und sagt: „Hören sie damit auf und ich gebe ihnen auch keine Alternative!" Würde das funktionieren? Mit großer Wahrscheinlichkeit nicht! Dies wird aber oft so mit Gewalttätern gemacht – und es funktioniert *(überraschenderweise)* nicht. In der Arbeit mit süchtigen Menschen sind wir da schon weiter. *Nur Bild-Leser, Nazis oder andere dumme Menschen glauben, dass man Heroin-Abhängigen durch Verbote und Strafen hilft.*

> **„Man kann den Gewalttäter von der Straße holen,**
> **aber nicht die Straße aus dem Gewalttäter."**
> Auf jeden Fall nicht mit Verboten und Strafen

Menschen werden, wie andere Lebensformen auch, früh geprägt und es ist schwierig, diese geprägten Muster zu durchbrechen. In Versuchen wurde Hunden mal wieder Stromstöße verabreicht. Gruppe A bekam die Stromstöße immer, egal was sie taten. Gruppe B konnte durch Springen in eine bestimmte Ecke öfter mal verhindern, dass sie einen Stromstoß bekamen. Nach kurzer Zeit ließ Gruppe A die Stromstöße über sich ergehen, auch wenn sie klare Fluchtmöglichkeiten hatten. Gruppe B blieb weiterhin aktiv und versuchte den Stromstößen zu entkommen. Dieser Versuch zeigt, wie schwierig es ist, alte Verhaltensweisen abzulegen, auch wenn es sehr sinnvoll wäre.

Der Hirnforscher Prof. **Gerald Hüther** vergleicht alte Angewohnheiten mit einem Marktführer im Gehirn. Alle kennen dieses Produkt und wissen, was sie haben. Eine neue Verhaltensweise ist wie ein neues Produkt. Wenn jetzt nicht ständig Werbung für das neue Produkt gemacht wird und es einen nicht auf allen Ebenen überzeugt, wird es schnell vergessen.

In der heutigen Zeit kann man auch ohne Abitur Geld verdienen.

Die logischen (auch neuro- oder psycho-logischen) Ebenen kommen aus dem Bereich des Neurolinguistischen Programmierens (NLP). NLP ist eine Ansammlung von Modellen, um an den eigenen Denkprogrammen, Zielen, Problemen und Fähigkeiten zu arbeiten. Es wird in der Pädagogik, in der Medizin, in der Therapie und in der Wirtschaft eingesetzt. NLP hat seine Wurzeln in der menschlichen (humanistischen) Psychologie. **Robert Dilts** entwickelte das Modell der „Logischen Ebenen", welches bei der niedrigen Ebene „Verhalten" anfängt und bis zur höchsten Ebene „Mission" hinaufgeht. Bei diesem Modell geht Dilts davon aus, dass Veränderungen auf einer niedrigeren Ebene nicht unbedingt einen Wandel auf höheren Ebenen nach sich ziehen. Eine Veränderung auf einer höheren Ebene hat aber immer Wandlungen in den niedrigeren Ebenen zur Folge.

- Verhalten (Was tue ich?)

- Fähigkeiten (Wie tue ich es? Was muss ich dazu können?)

- Einstellungen / Werte (Was denke ich über die Welt und andere?)

- Rolle / Identität (Wer bin ich?)

- Zugehörigkeit (Zu welcher Gruppe gehöre ich?)

- Mission (Was ist mein Auftrag? Was ist meine Botschaft an die Welt?)

Jedes Verhalten können Sie anhand der logischen Ebenen betrachten. Mögliche logische Ebenen eines „Gewalttäters":

- Verhalten – schlagen, wenn mir jemand zu nahe kommt
- Fähigkeit – schnell und aggressiv handeln zu können
- Einstellung – andere Menschen wollen mir etwas Schlechtes
- Rolle – ich bin ein „Krieger"
- Zugehörigkeit – ich gehöre zu den Starken, die die Welt kennen und beherrschen
- Mission – überleben

An diesem Beispiel wird klar, dass es nicht ausreicht, dem „Gewalttäter" zu verdeutlichen, dass er sich doch einfach nicht mehr schlagen soll. Dies wäre „nur" eine Veränderung auf der Verhaltensebene und würde höchstwahrscheinlich nicht zu einer längerfristigen Kampflosigkeit führen. Ideal wäre eine Begleitung auf allen Ebenen. Mögliche Ebenen eines „geheilten Gewalttäters":

- Verhalten – Grenzen (ohne Schlagen) setzen, wenn mir jemand zu nahe kommt
- Fähigkeit – Grenzen rechtzeitig erkennen und sprachlich regeln können
- Einstellung – Jeder Mensch hat gute und schlechte Seiten
- Rolle – Ich bin jemand, der das Leben genießt
- Zugehörigkeit – Ich gehöre zu den „Gutgelaunten", mit denen andere sich gerne umgeben
- Mission – Leben und Freude vermitteln

Dies ist natürlich eine sehr vereinfachte Darstellung, aber trotzdem können Sie sich vorstellen, dass es ein langer Weg ist, die verschiedenen Ebenen zu bearbeiten. Es funktioniert nicht gegen den Willen des „Gewalttäters". Wenn er mit seiner Rolle als Krieger zufrieden ist, wird er sein Verhalten auch nicht ändern, selbst wenn er im Extremfall gerade einige Jahre im Gefängnis einsitzen muss.

1.2.6 Andere Länder – andere Sitten

„Das einzige, wovor Jugendliche geschützt werden müssen, sind die Erwachsenen." (Heinrich Böll)

Wie sieht es denn so in der großen weiten Welt aus?

Glasgow in Schottland hat 600.000 Einwohner mit ca. 5% Migranten. Bei 7% Arbeitslosigkeit wird hier auf Überwachung gesetzt z.B. mit Polizeibeamten in der Schule. Diese kontrollieren u.a. ob Jugendliche rauchen oder Müll auf den Boden werfen. Kameras und Menschen überwachen die Stadt. Mittlerweile sind 2.500 Störenfriede und 200 Gangs erfasst. Die Kriminalität wird als sehr hoch eingeschätzt. Es gibt Bereiche in Glasgow, in denen die durchschnittliche Lebenserwartung unter der amerikanischer Ghettos liegt. Mittlerweile trägt Glasgow den traurigen Beinamen „Messerstecher-Hauptstadt".

In der Acht-Millionenstadt **London in Großbritannien** herrscht fast Vollbeschäftigung. Und die Stadt ist extrem teuer. So könnte man annehmen, dass dort nur die Elite wohnt und es deshalb wenig Kriminalität gibt. Aber genau das Gegenteil ist der Fall. Es herrscht ein riesiges finanzielles Gefälle, eine hohe Verbrechensrate und viel Gewalt (z.B. die Ausschreitungen 2011).

China ist eine Diktatur und es existiert dort viel Gewalt. Wissen und Bildung sind dort hoch angesehen, genauso wie die Lehrer. Deshalb gewinnen sie auch den Pisa-Wettbewerb. Am 9. September wird das „Fest der Lehrer" (Jiaoshijie) gefeiert. In dem Land des Konfuzius werden den Lehrern („Ingenieure der menschlichen Seele") an diesem Tag Glückwunschbriefe geschrieben, Torten gebacken und Aufführungen veranstaltet.

In den **Vereinigten Staaten** wird alle 24 Minuten ein Mord begangen, alle fünf Minuten eine Vergewaltigung. Auf zwei Amerikaner, Frauen und Kinder einge-rechnet, kommen mindestens drei private Schusswaffen. Alle 92 Minuten wird ein Kind erschossen - oder ein Kind, vom eigenen Vater im Waffengebrauch ausgebil-det, erschießt Mitschüler und Erwachsene. Es ist und bleibt das Land der unbe-grenzten Möglichkeiten. (*Es ist irgendwie so wie mit Bayern München: Keiner mag sie, eigentlich sind sie sch..... und trotzdem sind sie super erfolgreich.*)

Norwegens Hauptstadt Oslo hat etwa 450.000 Einwohner mit 26% Migrationshintergrund. Trotzdem gibt es dort nur sechs Haftplätze für Jugendliche. Es wird hier mehr auf Prävention und die Zusammenarbeit von

Stadtteilen, Jugendhilfe und Polizei gesetzt. In der Schule werden die Kinder bis zur zehnten Klasse gemeinsam beschult. Eine Klasse besteht aus 20 Schülern. Es gibt verschiedene Integrationsprogramme, die bereits während der Schwangerschaft beginnen.

Schaut man sich die Statistiken (2003-2008) von anderen Ländern an, z.B. Morde pro 100.000 Einwohner, steht Deutschland gar nicht mal so schlecht da. Wir gehören hier mal nicht zu den Top 20.

Morde pro 100.000 Einwohner			
Honduras	60,9	Brasilien	22
Jamaika	59,5	Dominik. Republik	21,5
Venezuela	52	Guyna	20,7
El Salvador	51,8	Ecuador	18,1
Guatemala	45,2	Namibia	17,9
Trinidad / Tobago	39,7	Saint Lucia	16
Kolumbien	38,8	Russ. Föderation	14,2
Lesotho	36,7	Bahamas	13,7
Südafrika	36,5	Surinam	13,7
Saint Kitts / Nevis	35,2	**Deutschland***	**0,8**
Belize	34,3	Quelle: United Nations	

*Deutschland belegt damit den 49. Platz. Die USA ist auch hier mal wieder besser und beansprucht Platz 24.

Auch gehört die größte Stadt in Deutschland nicht zu den schlimmsten Metropolen in Europa.

Die kriminellsten Metropolen in Europa			
London	32%	**Berlin**	**19%**
Tallinn	30%	Paris	18%
Amsterdam	27%	Istanbul	18%
Belfast	26%	Wien	17%
Dublin	26%	Edinburgh	17%
Kopenhagen	24%	Rom	17%
Stockholm	23%	Helsinki	15%
Brüssel	20%		Quelle: EU ICS

In der Menschheitsgeschichte wurden bisher um die 14.400 **Kriege** geführt, bei welchen rund 3,5 Milliarden Menschen starben. Und was hat die Menschheit daraus gelernt? Ganz einfach: Die Ausrüstung muss besser werden, damit die Überlebenschance bei einem Treffer steigt. Im zweiten Weltkrieg hat die US-Armee pro Soldat $ 170 ausgegeben (57% Überlebenschance bei Verwundung). Im Vietnam-Krieg lag die Überlebenschance bereits bei 68% ($ 1.112 pro Soldat) und heute liegt sie bei 88% ($ 17.472 pro Soldat). In Zukunft sind Ausrüstungen von bis zu $ 60.000 pro Soldat geplant. Die USA gibt insgesamt 636 Milliarden

Ich schließe mich den Ausreden meines Verteidigers an!!!

Dollar jährlich für ihre 1,4 Millionen-Mann-Armee aus. *Und da heißt es immer, dass die Menschheit nicht aus ihren Fehlern lernen würde.*

Übrigens hat China die größte Armee mit 2,25 Millionen Soldaten. Die Chinesen sind aber noch ein wenig sparsamer als die USA und geben nur 85 Milliarden Dollar aus. (*Haben sie etwa nicht aus der Geschichte gelernt?*) Deutschland hat immer noch 250.000 Soldaten und gibt für diese 31,5 Milliarden Euro aus.

1.3   Situation heute

„Ein Land, in dem die Bevölkerung noch Geld übrig hat, um Bücher
von Dieter Bohlen zu kaufen, sollte die Steuern erhöhen."
(Volker Pispers)

Wenn man in den Fernseher schaut, wirkt es so, als würde alles immer schlimmer werden. Nicht nur die Nachrichten zeigen vorwiegend Katastrophen, auch die Privatsender schaffen es immer wieder, sich im Niveau zu unterbieten. E-Promis, die im Dschungel gegeneinander zickten, waren schon kaum zu übertrumpfen. Obwohl ich zugeben muss, dass ich es mit Genuss und einiger Spannung Anfang 2011 verfolgt habe. *(Wer hat nun wirklich gelogen? Der selbsternannte „Kahn"* *oder die „Dingens"?)* Doch Idioten im Großen-Bruder-Haus oder Z-Promis auf einer Alm waren selbst für mein anspruchsloses Gehirn im Abendbereich zu viel. Auch die Versuche, mein Gehirn mit Bier zu schrumpfen oder Schokolade als positiven Verstärker zu nutzen, ließen mich diese Sendungen nicht lange ertragen.

Doch gibt es wirklich nur noch e*infach strukturierte* Personen mit *intellektuellen Einschränkungen* aus der *Unterschicht (abgehängtem Prekariat), merkbefreite Multi-Problem-Menschen* mit *bildungsungewohnten und -fernen* Kinder in Stadtteilen mit *erhöhtem Erneuerungsbedarf?* Und dazu kommen noch die *Universaldilettanten, Typen mit Wissensphobie und IQ im Zimmertemperaturbereich.*

1.3.1   Die heutige Welt

„Die Tage werden dunkler." (Frodo aus „Der Herr der Ringe")

Die Zeit wird immer schnelllebiger. Die fortschreitende Technik beschleunigt so manches. Das erste deutsche Reich überdauerte ca. 1.000 Jahre (ab dem Jahre 800). Im 20. Jahrhundert überdauerte das tausendjährige Reich zwölf Jahre (1933-1945). Im 21. Jahrhundert dauern solche Ideen oft nur wenige Stunden, bis sie wieder bei Facebook oder Youtube gelöscht werden.

Aber die Technik und die Vielfalt wirken sich ebenfalls auf die Beziehungen aus. Früher hatte man schön die Post oder ein bisschen später die Telekom als einzigen Anbieter. Dieser blieb man treu, meckerte oft über sie, aber behielt sie bis zum

Tod. Man hatte ja keine anderen Möglichkeiten. *Genau so verhielt es sich mit dem Ehepartner.*

Heute wechselt man alle Nase lang den Telefonanbieter oder hat mehrere gleichzeitig. Dieses Verhalten überträgt sich natürlich auch auf die menschlichen Beziehungen. Kaum hat der andere mal eine Macke, wird der Anbieter gewechselt. Die Folge: viele Telefonanbieter-Shops, hohe Scheidungszahlen und immer mehr Single-Haushalte.

Etwa ¼ der Familien sind alleinerziehend plus fast ¼ „zusammengewürfelte" Patchwork-Familien. Außerdem sind noch viele Doppelverdiener (Dink = double income no kids), Adoptivfamilien und Commuter-Couples (ein Partner ist die Woche über weg) vorhanden. 6,8 Millionen Menschen und 1,7 Millionen Kinder in Deutschland leben von Arbeitslosengeld II (auch Hartz IV genannt - früher Sozialhilfe) und laut UNICEF leben insgesamt 2,5 Millionen Minderjährige auf Sozialhilfeniveau.

Die Anzahl der übergewichtigen und essgestörten Menschen nimmt stark zu. In Deutschland sind 2010 insgesamt 36.300 Minderjährige zu ihrem Schutz in öffentlichen Einrichtungen untergebracht worden (im Durchschnitt 100 pro Tag). Die Pisa-Studie zeigt, dass Deutschland nicht so viele gebildete Schüler hat wie vergleichbare Länder. In den Familien findet eine Verschiebung der Macht meist durch Schuldgefühle der Eltern zu Gunsten der Kinder statt. Die Stresserkrankungen von Kindern nehmen zu und der Verbrauch von Medikamenten. Immer mehr Kinder und Jugendliche verweigern den Schulbesuch. Rund die Hälfte der 6-jährigen Jungen hat alle „wichtigen" Medien (Fernseher, DVD, Computer und Spielkonsole) im eigenen Zimmer. Stetig findet ein Rückgang der stabilen langfristigen Beziehungen zu Erwachsenen statt, welche sehr wichtig für die Entwicklung des Kindes sind. Die Scheidungsrate und die Unsicherheit in der Bevölkerung steigen beständig.

Der Psychiater Klaus Dörner addierte die offiziellen Schätzungen aller Psycholeiden (Süchte, Demenz, Depression usw.) und kam auf die Prozentzahl 210. Also haben 210% aller Deutschen eine psychische Krankheit. *Anders gesagt: Auch Sie haben statistisch knapp über zwei psychische Störungen. Wenn Sie keine haben, hat Ihr Partner knapp über vier.*

Die Deutsche Angestelltenkrankenkasse (DAK) meldete, dass Depressionen bereits 75% der Krankheitstage ausmachen würden. Auch viele Kinder leiden mittlerweile an Depressionen. Über 450 Millionen Menschen weltweit zeigen neuropsychiatrische Störungen (WHO 2001). Auch Autismus ist ein „modernes" Krankheitsbild und wurde 1943 zum ersten mal beschrieben. Die Zahl steigt seit dieser Zeit stetig. Es gibt z.B. in den 50 US-Bundesstaaten einen Anstieg von 544% innerhalb von zehn Jahren. Einige Experten sprechen von einer „Epidemie des Autismus". Es läuft also eine ganze Menge schief in der Welt. Und wie sieht die heutige Jugend aus?

1.3.2   Die heutige Jugend

Man sollte nicht aufgrund von Einzelheiten aufs Ganze schließen.

> *In den sechziger Jahren fragte der beinamputierte und bissige Talk-Show-Moderator Joe Pine den Rockmusiker Frank Zappa: „Sie haben so lange Haare .... Sind Sie vielleicht eine Frau?" - Zappa erwiderte: „Sie haben ein Holzbein .... Sind Sie vielleicht ein Tisch?"*

Nach einer Umfrage der GfK Marktforschung haben ca. 75% der Deutschen die Ansicht, dass Kinder heute verhaltensauffälliger sind als vor 10 bis 15 Jahren. Es gibt immer wieder Extrembeispiele von Jugendlichen in den Zeitungen, im Radio und im Fernsehen. Diese wenigen Beispiele werden immer wieder gezeigt, bis der regelmäßige Medienkonsument meint, dass alle Jugendliche so seien. Doch sind die Jugendlichen von heute wirklich so schlimm? Zu meiner Jugendzeit in den 80er Jahren sagte man bereits: „Mit der Jugend kann man heute auch keinen Krieg mehr gewinnen." Zum Glück wollte der Großteil meiner Generation auch keinen Krieg. (*PS. Im 20. Jahrhundert hatten die Deutschen auch vorher nie einen Krieg gewonnen.*) Wir waren verwöhnt und kannten das Wort „Hunger" nur vom Hörensagen. Wir waren die Generation „Null Bock" oder „Turnschuh" und etwas später kam „Ich will alles und zwar sofort". Schon zu dieser Zeit hatten wir mehr Geld als uns gut tat.

Taschengeld ist natürlich oft ein Thema bei Kindern und schon die Kinder von heute sind reich. In Deutschland bekamen die Sechs- bis Neunjährigen von 2000 auf 2003 eine „24%-Gehaltserhöhung" und konnten so über 20 Milliarden Euro jährlich ausgeben. Deshalb sind sie natürlich für die Industrie sehr interessant. Ende der 80er Jahre hatten keine 30% der Kinder Vorlieben für bestimmte Marken. Heute sind es bereits über 60%, die von der Werbung beeinflusst wurden und bestimmte Marken klar bevorzugen. Doch gerade einige Marken

(McDonlads, Nestlé usw.) wirken sich natürlich auch auf die Gesundheit der Kinder aus. Übrigens gibt es auch Länder, in welchen es verboten ist mit der Werbung Kinder direkt anzusprechen.

Auf einem Kongress 2000 in Göttingen beklagten Forscher, dass bereits 5% aller Jugendlichen in „behandlungswürdiger" Weise **aggressiv** seien. Nach Studien mit zehntausenden Kindern und Jugendlichen werden diese immer **ängstlicher**. Ein durchschnittliches amerikanisches Schulkind von heute hat demnach mehr Ängste als ein psychiatrisch behandeltes Kind in den 50er Jahren. Doch werden die Menschen wirklich immer aggressiver und „bekloppter"? Spätestens in meiner Zeit als Sozialarbeiter lernte ich, dass alle Menschen „bekloppt" sind - *die Sozialhelfer oft mehr als die Klienten.* Für jede Eigenheit gibt es heute einen Krankheitsbegriff und natürlich auch das passende Medikament, *damit die Pharma-Industrie nicht verhungert. Zum Glück gibt es ja keine gesunden Menschen – sondern nur welche, die noch nicht gründlich genug untersucht wurden.*

Der **Gesundheitszustand** der heutigen Jugend wird also immer schlechter!? Bereits in den 90er Jahren wurden bei Vorsorgeuntersuchungen (z.B. Köln / Hamburg) festgestellt, dass jedes vierte Kind an Allergien oder Asthma litt. Zwischen 13 und 19% wären übergewichtig. 2002 waren es bereites 20%. In Großbritannien ist Diabetes (Zuckerkrankheit) bei Kindern schon für 9% der gesamten Krankheitskosten verantwortlich. Die Zahl der Asthmaerkrankungen bei Kindern hat sich von den 70er in die 90er Jahre um 200% gesteigert. Auch die geistige Entwicklung der Kinder soll langsamer vorangehen.

Klaus Ring (Vorsitz der Stiftung Lesen in Mainz) sagte: „Jeder fünfte Erstklässler zeigt **Sprach-, Sprech- und Stimmstörungen**." Das Stuttgarter Gesundheitsamt ermittelte in einer Studie, dass 12,6% der Erstklässler nicht altersadäquat sprechen können. Sie sagen z.B. „gei" statt „drei" oder „klumm" statt „krumm".

Aber wir haben jetzt schon so viel über die Jugend gelesen, dass wir mal kurz klären sollten: Was ist ein Jugendlicher?

Es gibt u.a. (neuro-)biologische, psychologische und soziologische Definitionen von dem Begriff Jugend. *Ich könnte diese natürlich alle niederschreiben und zeigen, wie viel ich gelesen habe.* Doch das bringt uns irgendwie nicht weiter. Es gibt Ansichten, dass Fünfjährige bereits jugendliches Verhalten zeigen. Ebenso gibt es nicht wenige 35-jährige, die nicht alle Kriterien eines erwachsenen Lebens erfüllen. In diesem Buch benutze ich die juristischen Begriffe Kind (0-13 Jahre),

Jugendlicher (14-17 Jahre) und Heranwachsender (18-20 Jahre). Die meisten Statistiken arbeiten ebenfalls mit diesen Begriffen. Auf jeden Fall ist klar, dass es sehr verschiedene Meinungen über Kinder und Jugendliche gibt.

> *Es gibt Leute, die denken, Jugendliche seien nervige Wespen,*
> *die man totschlagen sollte.*
> *Viele Personen halten Jugendliche für bissige Hunde,*
> *die man an einer Eisenkette führen muss.*
> *Einige meinen, Jugendliche seien Kühe,*
> *die man melken kann.*
> *Wenige Menschen sehen in der Jugend die Pferde,*
> *die den Karren aus dem Dreck ziehen müssen,*
> *den wir in diesen gebracht haben.*

1.3.3   Dick und besonders doof

> *„Dumm ist der, der Dummes tut." (Forrest Gump)*
> *„Fett ist, wer Fettes isst."*

Wird die Menschheit wirklich immer dümmer? Dazu könnte es u.a. zwei Erklärungen geben:

1. *Die Intelligenz auf dem Planeten bleibt konstant, aber die Anzahl der Menschen wächst stetig.*

2. *Es vermehren sich nur die Dummen, so dass die Intelligenten aussterben und insgesamt die Menschheit dümmer wird.*

Die Dummheit scheint aber nicht nur das Problem der Jugend zu sein. Umfragen oder auch Berichte zeigen da erschreckende Beispiele. Douglas musste z.B. den Werbespruch „Come in and find out" ändern, weil die meisten Deutschen es mit „Komm rein und finde wieder raus" übersetzten.

Es gab Zeiten, da wollten die Deutschen die ganze Welt beherrschen. Und nun? Die **Pisa-Ergebnisse** zeigen, dass wir trotz unseres Reichtums und unserer vielen Möglichkeiten nicht die Überlegenen sind. In Naturwissenschaften, Mathematik und Leseverständnis sind es die Chinesen. *Und dann gibt es auch noch so viele von denen – fast 1,4 Milliarden.* Auch Finnland, Südkorea und Singapur sind meistens vorne mit dabei. Selbst *unsere Fußball-Lieblingsgegner in Müllabfuhr-Orange* (Niederlande) sind in allen Kategorien vor uns. 2009 hatte Deutschland sich zwar verbessert, hatte aber Platz 16 in Mathematik, Platz 13 in Naturwissenschaften und Platz 20 im Leseverständnis.

Doch wie viel Geld gibt Deutschland für die **Bildung** aus? Länder wie Island geben acht Prozent des Bruttoinlandsprodukts für Bildung aus, Deutschland 4,8%. Sogar die USA geben sieben Prozent aus. Nach langen Kämpfen wurden dann die teuren Studiengebühren eingeführt, um die Qualität zu steigern. Und wofür wurde das Geld ausgegeben? Uni Düsseldorf ließ Marketingkonzepte erstellen, RWTH Aachen ließ Imagebroschüren drucken oder es wurden einfach nur die Haushaltslöcher gestopft, wie in Hildesheim oder Dortmund.

In anderen Ländern sieht es aber auch nicht immer besser aus. Indien hat laut Studien 56% Schüler mit eingeschränkter Lernfähigkeit. In Polen und Tschechien verdoppelte sich die Anzahl der Sonderschüler. In Russland steigt die Anzahl von mentaler Unterentwicklung. In verschiedenen Bereichen von Brasilien konnte in den letzten 30 Jahren eine Schrumpfung der durchschnittlichen Gehirngröße beobachtet werden. Nach Untersuchungen von Prof. Michael Crawford (Universität Nord-London) sinkt die Intelligenz in Großbritannien um 0,5 IQ-Punkte pro Generation. Hier möchte ich noch einmal klarstellen, dass der Intelligenzquotient (IQ) nicht die Fähigkeiten des Menschen misst. Hier wird die Schulfähigkeit (Schulreifetests nach Alfred Binet) in unserem System angezeigt. Die meisten Menschen haben einen IQ-Wert zwischen 85 und 115 (Durchschnitt 100).

Der **Flynn-Effekt** zeigt, dass der Durchschnitt der Bevölkerung immer höhere IQ-Werte erbrachte. Deshalb mussten die heutigen IQ-Tests schwieriger gemacht werden, damit wieder der Mittelwert von 100 entsteht. Also anders: Die Jugend von heute hat einen höheren IQ-Wert als vor 50 Jahren. Wer hätte das gedacht?

Die Jugendlichen heute sind intelligenter als die Jugendlichen früher!

Intelligenz oder vielmehr Bildung hat etwas mit der körperlichen Gewaltbereitschaft zu tun. Das kriminologische Forschungsinstitut Niedersachsen stellte z.B. fest, dass von 1998 bis 2006 die Quote der türkischen Abiturienten in Hannover von 8,7 auf 15,3% stieg. Gleichzeitig sank die Quote der türkischen Mehrfach-Gewalttäter von 15,3 auf 7,2%. In München war es genau umgekehrt:

Die Zahl der türkischen Abiturienten sank (18,1 auf 12,6%) und die Mehrfachtäterquote stieg (6 auf 12,4%). Also sind „dumme" Menschen gewaltbereiter. Es gibt auch die These, dass Dumme auch noch glücklicher seien.

„Vergnügen bringt das Leben, wenn die Weisheit fehlt." (Sophokles)

Sie machen sich weniger Gedanken über Krisen, Konsequenzen, Altersfürsorge oder das Abendprogramm. Bisher gibt es aber keine gesicherten wissenschaftlichen Ergebnisse, dass „Dumme" wirklich glücklicher sind. Das gilt auch für andere Gruppen: Weder „Intelligente", „Lotto-Gewinner" noch die „Reichen" sind glücklicher. Es gab sogar Untersuchungen von Prof. Amartya Sen der Universität Harvard, dass Bewohner aus dem ärmsten Bundesstaat von Indien sich sogar gesünder und glücklicher fühlen als Bewohner der reicheren US-Staaten.

1.3.4 Die früheren Jugenden

„Kinder müssen mit großen Leuten viel Nachsicht haben."
(Antoine de Saint-Exupéry: Der kleine Prinz)

„Früher war alles besser und wir haben uns noch fair geprügelt", sagt nun auch meine Generation (Jahrgang 1972). Davor sagten es meine Eltern, davor meine Großeltern. In einem Youtube-Film behauptet der Schweizer Werner Stauffacher, dass sich früher Menschen nur geprügelt hätten, ohne dass es zu tödlichen Verletzungen kam. Die Statistiken zeigen hier, dass es nicht der Wahrheit entspricht. Weder in der Schweiz noch in Deutschland gab es ein Jahrzehnt, in welchen Menschen nicht nach Schlägereien verstarben.

Aber wie sah es denn vor fast 20 Jahren aus: In den **90er Jahren** war die „rechte Gewalt" auf dem Höhepunkt und „Mölln", „Hoyerswerda" und „Solingen" die traurigen Ergebnisse. Es gab massig Schlägereien und auch die Musik (House / Techno) war eigentlich eine reine Körperverletzung. Die Polizei-Statistik hat hier ihren Höhepunkt in Sachen angezeigte Gewaltstraftaten.

Einige sagen: „Die Jugend ist ja erst ab der Wiedervereinigung so schlimm geworden." *Für die unwissenden Jugendlichen, die vielleicht lesen können und aus Versehen an dieses Buch geraten sind: Die Wiedervereinigung war 1990 und der vorherige Mauerfall 1989.* Also war vor der Wende alles gut?! Die Musik war hier auf jeden Fall viel besser als in den 90er Jahren. Insgesamt galt die **80er-Jahre**-Jugend als Null-Bock-Generation. Trotzdem war die Jugend politisch interessiert und deshalb war dieses Jahrzehnt von Punk- und Skinhead-Schlägereien gezeichnet. Die Band „Böhse Onkelz" und rechte Musikgruppen kamen hier zu ihren ersten Erfolgen. Es gibt unzählige Zeitungs- und Lehrerberichte, die über die neue Gewalt bei Jugendlichen schreiben: Körperverletzungen und Sachbeschädigungen würden extrem zunehmen. Das Hobby Hooligan kam ebenfalls in diesem Jahrzehnt in Mode.

In den **70er Jahren** lief die Polizei mit Maschinengewehren und kugelsicheren Westen durch die Gegend. Häuser wurden besetzt und mit Elektro- und Sprengstofffallen gesichert. Die Terrororganisation RAF hatte ihre Hochzeit. Es gab Bombenanschläge, Morde und Entführungen. Unschuldige Opfer wurden billigend in Kauf genommen. Die Spezialeinheit GSG 9 des Bundesgrenzschutzes hatte hier die ersten spektakulären Auftritte.

Die **60er Jahre** waren gezeichnet von Studentenunruhen. Dort kam es zu einigen Todesfällen. Bilder erinnern an die Zeiten der Straßenkriege aus der Weimarer Republik. Die ersten Massenschlägereien und Polizeigroßeinsätze fanden bei Musikkonzerten statt. Der berüchtigte Motorrad-Club „Hells Angels" gründete seine erste Niederlassung in Hamburg.

Nach dem zweiten Weltkrieg in den **50er Jahren** bildeten sich die ersten Rockergruppen. James Dean ist ein großes Idol und der Film „... denn sie wissen nicht, was sie tun" zeigt, dass die Jugend <u>nicht</u> immer sinnvolle Sachen macht. Es sei denn, man bezeichnet Messerstechereien, Prügeleien und Auto-Klippen-springen als sinnvoll. Der Begriff „Halb-stark" wurde hier geprägt. Diese Zeit ist leider auch aufgrund von sexuellem (Massen-) Missbrauch in verschiedenen Jugendheimen bekannt geworden.

Von den Kriegsjugendlichen und **Dritte-Reich**-Jugendlichen (1933-1945) schreibe ich erst gar nicht. Ich gehe davon aus, dass Sie und ich wissen, dass die Jugendlichen dort genug Gewalt erlitten und ausgeübt haben.

Auch die Jugend in der Zeit der Straßenschlachten (1918-1933) der **Weimarer Republik** war alles andere als friedlich. Bereits in den 20er Jahren sah der Vater der Erlebnispädagogik Kurt Hahn bei der Jugend folgende Verfallserscheinungen: Mangel an menschlicher Anteilnahme, Verfall körperlicher Tauglichkeit, Mangel an Initiative, Spontanität und Sorgsamkeit.

Davor war der **erste Weltkrieg** (1914-1918) und dann sind wir schon im 19. Jahrhundert. Über 100 Jahre alt ist dieser heute noch gebetsmühlenhaft wiederholte Tipp: „Für die Jugend habe ich nur drei Worte als Ratschlag: Arbeite, arbeite, arbeite!" Sein Urheber ist Reichskanzler **Otto von Bismarck.**

Kriege, Revolutionen, Hexenverbrennungen und andere Folterungen waren davor. Dann sind wir ja schon im **Mittelalter**. Und dieses war ja bekanntlich finster und brutal. 35-jährige waren hier bereits alte Männer. Kriege, Gefechte und Tötungen in allen Variationen wurden hier regelmäßig praktiziert.

„Ich wollte, es gäbe gar kein Alter zwischen zehn und dreiundzwanzig oder die Leute verschliefen die ganze Zeit. Denn dazwischen ist nichts, als den Dirnen Kinder schaffen, die Alten ärgern, stehlen, balgen." (Shakespeare: Wintermärchen von 1611).

Selbst vor dieser Zeit gibt es genug Hinweise, dass die Jugendlichen immer schon die „Bösen" in der Gesellschaft waren. Hier einige Zitate, die von Ralf-Erik Posselt (Gewalt Akademie Villigst) zusammengestellt wurden.

„...auf ihrem Höhepunkt kennt die Jugend nur die Verschwendung, ist leidenschaftlich dem Tanze ergeben und bedarf somit wirklich eines Zügels. Wer nicht dieses Alter nachdrücklich unter seiner Aufsicht hält, gibt unmerklich der Torheit die beste Gelegenheit zu bösen Streichen...", zu denen gehören „Unmäßigkeit im Essen, sich vergreifen am Geld des Vaters, Würfelspiel, Schmausereien, Saufgelage, Liebeshändel mit jungen Mädchen, Schändung verheirateter Frauen." **Plutarch** (50 – 125 n. Chr.)

Als Erziehungsmaßnahmen empfiehlt Plutarch: „Hoffnung auf Ehre und Furcht vor Strafe... (...). Diejenigen aber, die ... gegen alle tadelnden Vorstellungen taub sind, muss man durch das Joch der Ehe zu fesseln versuchen." **Plutarch** (50 – 125 n. Chr.)

Horaz klagt über den „bartlosen Jüngling", dass er „ ...für Mahnworte harthörig (sei), ... großspurig im Geldausgeben; hoch hinausstrebend, rasch im Begehren...". **Horaz** (65 – 8 v. Chr.)

„Was nun zunächst die jungen Leute angeht, so sind sie heftig in ihrem Begehren geneigt, das ins Werk zu setzen, wonach ihr Begehren steht. Von den leiblichen Begierden sind es vorzugsweise die des Liebesgenusses, denen sie nachgehen, und in diesem Punkt sind sie alle ohne Selbstbeherrschung. (...) [Sie sind] ...zornmütig und leidenschaftlich aufwallend in ihrem Zorne. Auch sind sie nicht imstande, ihren Zorn zu bemeistern, denn aus Ehrgeiz ertragen sie es nicht, sich geringschätzig behandelt zu sehen, sondern sie empören sich, sobald sie sich beleidigt glauben. (...) Auch hoffnungsreich sind sie, denn das Feuer, das dem Zecher der Wein gibt, haben die Jünglinge von der Natur... (...) ...sie tun alles eben zu sehr, sie lieben zu sehr und hassen zu sehr, und ebenso in allen anderen Empfindungen." Und weiter: „Wenn ich die junge Generation anschaue, verzweifle ich an der Zukunft der Zivilisation." **Aristoteles** (384 – 322 v. Chr.)

„Ich setze überhaupt keine Hoffnung mehr in die Zukunft unsers Landes, wenn einmal unsere heutige Jugend die Männer von morgen stellt. Unsere Jugend ist unerträglich, unverantwortlich und entsetzlich anzusehen." Dies stammt vom griechischen Philosophen **Aristoteles** (384 – 322 v. Chr.)

„... die Schüler achten Lehrer und Erzieher gering. Überhaupt, die Jüngeren stellen sich den Älteren gleich und treten gegen sie auf, in Wort und Tat." **Platon** (427 – 347 v. Chr.) in seinem Werk „Der Staat"

„Unsere Jugend liebt den Luxus. Sie besitzt schlechte Manieren, verachtet die Autorität, hat keinen Respekt vor älteren Leuten. Die Kinder von heute gleichen Tyrannen. Sie erheben sich nicht von ihren Sitzen, wenn die Eltern den Raum betreten. Sie widersprechen ihnen, reden, wenn sie nicht gefragt sind, verschlingen in Hast ihre Speisen und tyrannisieren ihre Lehrer." **Sokrates** (469-399 v. Chr.)

„Ich habe keine Hoffnung mehr für die Zukunft unseres Volkes, wenn sie von der leichtfertigen Jugend von heute abhängig sein sollte. Denn diese Jugend ist ohne Zweifel unerträglich, rücksichtslos und altklug. Als ich noch jung war, lehrte man uns gutes Benehmen und Respekt vor den Eltern. Aber die Jugend von heute will alles besser wissen." **Hesiod** - griechischer Schriftsteller (753 – 680 v. Chr.)

„Die heutige Jugend ist von Grund auf verdorben. Sie ist böse, gottlos und faul. Sie wird niemals so sein wie die Jugend vorher, und es wird ihr niemals gelingen, unsere Kultur zu erhalten." **Babylonische Tontafel** (1000 Jahre v. Chr.)

Früher war also alles besser???
Dann sagen Sie mir bitte mal, <u>wann</u> die Jugend nett, friedlich und toll war?
(Das kann ja nur sein, bevor der Mensch schreiben konnte.)

1.3.5 Die heutige Schule

Die UNO schickt Truppen in Krisengebiete. Die speziell ausgebildeten und bewaffneten Soldaten sollen dort eventuellen Gegnern die Waffen abnehmen. Bei uns machen so was die Lehrer.

Die Situation an deutschen Kindergärten und Schulen wird immer schlimmer. Da wird gekifft, gesoffen, beschimpft und geprügelt. Von Sozialverhalten keine Spur. Und die Kinder sind auch nicht viel besser! So oder so ähnlich drückten es einige deutsche Kabarettisten aus. In den Medien werden immer wieder Bilder aus Berlin, Köln und Essen gezeigt. Nicht nur die körperlichen Verletzungen sind hier Folge der Gewalttaten. Am meisten leiden nach Untersuchungen an Schulen die Arbeitszufriedenheit und die Arbeitsmoral nach Gewaltereignissen. Es werden immer wieder krisengebietsähnliche Bilder gezeigt, *so dass es vielen Lehrern mittlerweile leid tut, dass sie damals den Wehrdienst verweigert haben.* Deutschland hat statistisch mehr psychosoziale Krankenbetten als die gesamte Welt zusammen. Und ein Großteil wird von Lehrern belegt. Nur an die 10% der knapp 800.000 Lehrer schaffen es gesund in den Ruhestand. Ein Drittel ist heute bereits über 55 Jahre alt. Der Frauenanteil liegt bei 70%. Dies zeigt auf jeden Fall, dass das System nicht besonders gut durchdacht ist. Doch ist es wirklich so schlimm an den Schulen aufgrund der Schüler?

Es gab verschiedene Untersuchungen im In- und Ausland, wie sich die Situation an den Schulen verändert hat. Lehrer und Medien berichten seit 60 Jahren, dass es immer schlimmer wird. Überall hört man, das es mehr Schlägereien gibt und dass diese auch immer brutaler werden. „Früher hat man aufgehört, wenn der andere am Boden lag. Heute fängt das dann erst an!" oder „Wir haben uns früher auch geschlagen und haben danach wieder ein Bier getrunken. Heute haben ja alle Messer und andere Waffen!" habe ich bereits zu meiner Schulzeit von Erwachsenen gehört. Der Vater eines Bekannten, der damals als Direktor einer Hauptschule arbeitete, sagte zu mir als 17-jährigen: „Wenn du dich wirklich mal prügeln musst, dann tritt nachher besser noch einmal rein und renne weg. Denn wenn der wieder aufsteht, hast du ein Messer oder eine Kugel im Rücken!" Interessant finde ich, dass meine Schulkollegen von damals die gleichen Sprüche zu ihren Söhnen sagen. Bei Nachtreffen und einigen Bieren höre ich dann von ihnen, wie schlimm die Jugend von heute ist und wie lieb wir doch früher waren. Entweder war ich früher schlimmer als alle anderen oder ich treffe bei meinen Anti-Gewalt-Trainings nur die „lieben" Jugendlichen. Ich sehe keine großen Unterschiede. Meine Freunde und ich haben uns damals in der Jugend hirnrissig verhalten und heute tun es die Personen in dem gleichem Alter. Natürlich gibt es heute sehr schlimme Menschen. Die gab es aber auch vor 20, 100 und 10.000 Jahren.

In **Deutschland** gab es verschiedene Studien zu dem Thema Gewalt an Schulen.

In Eichstätt (1994 – 1999) waren die Schüleraggressionen gegenüber Lehrkräften rückläufig. Andere Bereiche der Gewalt und Aggression waren gleich geblieben oder leicht gesunken.

In Heidelberg (2003) zeigte sich, dass es gefährlicher ist an Förder- und Hauptschulen zu arbeiten als an Gymnasien. *(Das hätte ich denen auch vorher sagen können.)* An allen Schulformen war man sich einig, dass die letzten fünf Jahre die Brutalität zugenommen habe. Fast 95% der Lehrer fühlen sich aber immer noch so sicher, dass sie keine Vorsichtsmaßnahmen zur Abwehr von Schülerangriffen ergreifen.

Die B.A.D. Gesundheitsvorsorge und Sicherheitstechnik GmbH hat innerhalb von drei Jahren eine Gefährdungsanalyse für Lehrer erstellt. Verbale Angriffe sind an Hauptschulen öfter als an Gymnasien. Die meisten körperlichen Auseinandersetzungen kommen an Förderschulen vor. *(Auch das habe ich schon vorher gewusst und hätte es ihnen sagen können.)*

In Bochum (1995) sahen 79% der befragten Lehrer einen Anstieg der Gewalt. Die Schüler würden öfter und auch brutaler schlagen. Objektiv konnten aber keine steigenden Gewaltzahlen gemessen werden.

Im Idealfall sieht der Lehrkörper nicht nur das Schlechte im Schüler. Leider ist unser Schulsystem defizitorientiert und schaut auf die Fehler. Je mehr man jedoch seine Wahrnehmung auf die Fehler lenkt, desto mehr nimmt man davon wahr. Man trainiert sich selbst nur auf die Defizite zu achten. Wie soll dann der Lehrer noch ressourcenorientiert die Schüler fördern?

„Er sollte Mentor und Lernberater sein. Einer, der die Begabung der
Schüler erkennt und bereit ist, selbst lebenslang zu lernen."
(Prof. Christian Fischer im Focus Nr. 41/11 zum Thema Lehrer)

1.3.6   Heute gibt es mehr Gewalt

„Die Lüge hat zwei Steigerungsformen: Diplomatie und Statistik."
(Marcel Achard)

Insgesamt haben in den letzten 60 Jahren die Anzeigen ganz klar bis in die 90er
Jahre zugenommen und befinden sich seitdem auf einem hohem Niveau. Das
betrifft aber nicht nur die Jugend- oder Gewaltkriminalität.

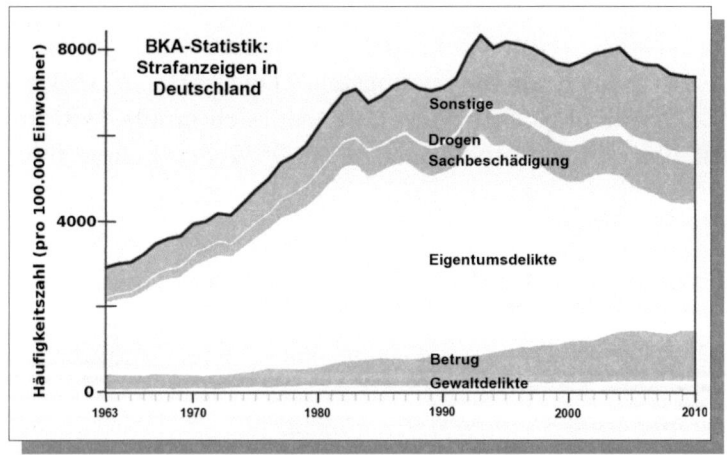

Eine Straftat sagt aber oft nichts über den Schaden aus. Bei Eigentumsdelikten
kann es sich um zehn Cent oder um mehrere Millionen Euro handeln. Die
Wirtschaftskriminalität machte 2006 z.B. nur 2% der Eigentumsdelikte aus, war
aber für rund 53% (4,3 Milliarden Euro) des finanziellen Schadens verantwortlich.
Und da sind die Bänker und die Versicherungsunternehmen noch nicht einmal mit
einberechnet, weil es nach den deutschen Gesetzen noch nicht kriminell ist. Auch
bei den Gewaltdelikten ist es schwierig. Wenn Sie und ich zusammen jemanden
anspucken, könnte es schon eine „gefährliche Körperverletzung" gem. § 224

StGB sein. (Fühlt sich das Opfer körperlich unwohl, so ist es eine Körperverletzung. Sind es zwei Täter, so ist die Körperverletzung „gefährlich".) Wenn wir beiden diesen zusammenschlagen und -treten und er mit Müh und Not diese Aktion überlebt, ist es auch eine „gefährliche Körperverletzung" gem. § 224 StGB.

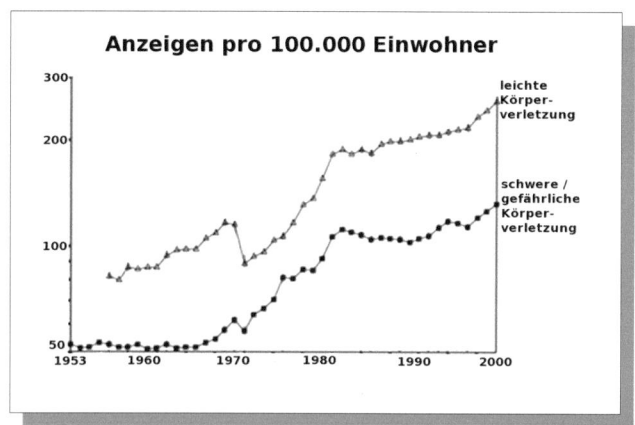

Laut der Weltgesundheitsorganisation gehört Gewalt zu den Hauptodesursachen und ist für 14% der männlichen Sterbefälle weltweit verantwortlich (7% bei den Frauen). Nach Schätzungen betragen die jährlichen Gesamtkosten der Opfer von Gewalttaten in den USA 507 Milliarden US-Dollar (6,5% des Bruttoinlandproduktes). Aus der Statistik des Bundeskriminalamtes in Wiesbaden können Sie entnehmen, dass sich die Zahl der Gewalttäter unter Kindern und Jugendlichen seit 1985 verdreifacht hat. *Laut Verkaufszahlen von Ballschlaginstrumenten aus Metall und Holz müsste Baseball in einigen mitteldeutschen Städten mit Abstand die Sportart Nummer Eins sein.* In Berlin werden durchschnittlich z.B. 15-mal mehr Baseball-Schläger als Bälle verkauft. Fußball ist auch so ein Gewalt-Sport-Thema. Die Polizei geht deutschlandweit von mindestens 10.000 Problemfans aus, 3.400 allein in NRW. 1,5 Millionen Personalstunden opfert die Polizei jährlich für die ersten beiden Fußballligen. Gewalt ist also allgegenwärtig. Hat aber die Gewaltbereitschaft zugenommen, abgenommen oder ist sie gleich geblieben?

> *In einem Mathe-Test auf der Berliner Rütli-Schule hat ein Schüler „Gewalt" als Antwort auf jede Aufgabe geschrieben. - Er bekam eine Eins, weil man dort alle Probleme mit „Gewalt" löst.*

47

Ich glaube natürlich nur den Statistiken, die ich selbst ausgesucht oder bearbeitet habe. Denken Sie daran: Es gibt zu jeder Statistik auch eine Statistik, die genau das Gegenteil beweist.

„95,8 Prozent aller Statistiken sind gefälscht"
(Dr. Eckart von Hirschhausen)

Eindeutig ist, dass in den letzten Jahrzehnten die Anzahl der Anzeigen von Gewaltdelikten zugenommen hat.

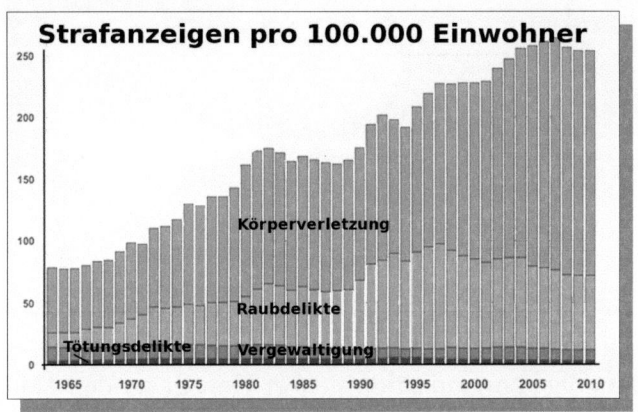

Mit Raub ist hier nicht nur der Banküberfall mit einer Pistole gemeint. Wenn der 14-jährige zu dem 13-jährigen geht, seinen Kinderriegel wegnimmt und ihn dabei drohend anschaut, ist es bereits ein Raubdelikt. In den letzten Jahrzehnten haben also die Anzeigen ersichtlich zugenommen. Dies kann aber auch bedeuten, dass die Bereitschaft zugenommen hat, diese Delikte anzuzeigen. Befragungen belegen dies auch. Untersuchungen in Bochum zeigten, dass die Anzeigebereitschaft von 1986 bis 1998 um 65% angestiegen ist. Was sagen andere Statistiken an.

Mord und Totschlag in Deutschland

Jahr	Fälle (einschl. Versuchte)	Versuchte Fälle	Schusswaffe dabei	Aufklärung
1994	1.146	547 (= 47,7%)	220	88,5%
1995	1.207	602 (= 49,9%)	226	89,7%
1996	1.184	563 (= 47,6%)	237	88,2%
1997	1.036	500 (= 48,3%)	229	92,8%
1998	903	451 (= 49,9%)	196	93,2%

1999	962	480 (= 49,9%)	206	93,0%
2000	930	476 (= 51,2%)	170	94,7%
2001	860	436 (= 50,7%)	181	94,1%
2002	873	452 (= 51,8%)	138	96,7%
2003	829	435 (= 52,5%)	140	95,2%
2004	792	432 (= 54,5%)	104	96,5%
2005	794	407 (= 51,3%)	119	95,8%
2006	818	484 (= 59,2%)	101	95,2%
2007	734	420 (= 57,2%)	91	97,3%
2008	694	376 (= 54,2%)	98	97,6%
2009	703	404 (= 57,5%)	86	94,6%
2010	692	399 (= 57,7%)	79	96,1%

Also haben in den letzten 15 Jahren die Morde abgenommen. Es heißt aber auch, dass die Prügeleien öfter und brutaler geworden sind. Rein statistisch müsste es dann auch mehr Körperverletzungen mit Todesfolge geben.

Hier sieht man, dass es immer leichte Schwankungen in den letzten 60 Jahren gab. Eine deutliche Verschlimmerung ist aber nicht zu erkennen. Hat also die Gewalttätigkeit und die Brutalität doch nicht zugenommen? Was zeigen andere Statistiken, die nicht vom BKA erstellt werden? Sobald ärztliche Hilfe an Schulen in Anspruch genommen wird, ist dies meldepflichtig. Die Zahlen der Unfallkassen zeigen, dass die Vorkommnisse von 1997 bis 2007 pro 1000 Schüler um 31% zurückging. Wenn man nur die Verletzungen mit Knochenbrüchen betrachtet beträgt der Rückgang sogar 44%.

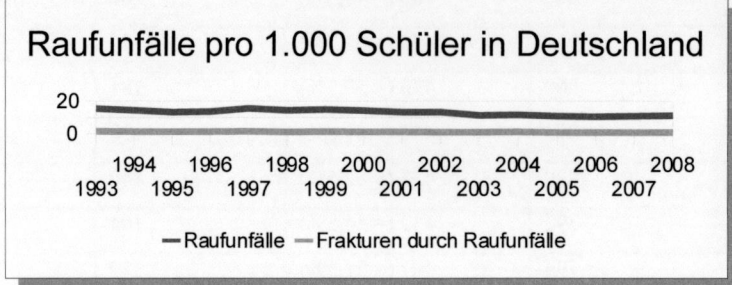

Raufunfälle pro 1.000 Schüler in Deutschland

—Raufunfälle —Frakturen durch Raufunfälle

Jahr	1993	1994	1995	1996	1997	1998	1999	2000	2001	2002	2003	2004	2005	2006	2007	2008
Raufunfälle	15,5	14,4	13,3	13,6	15,6	14,4	14,9	14,3	13,2	13,2	11,3	11,6	10,9	10,5	10,8	11,1
Frakturen durch Raufunfälle	1,5	1,3	1,4	1,3	1,6	1,2	1,3	1,2	1,2	1,1	1	1,13	0,88	0,92	0,86	0,8

Auch der Vergleich von 1998 zu 2008 der Schulhofprügeleien in Wien zeigt mit
Schwankungen einen deutlichen Rückgang. 1998 waren es noch im Durchschnitt
von 10.000 Schülern 56 Raufereien mit Verletzungen, die ärztlich behandelt
werden mussten. 2008 waren es nur noch 23.

Das kriminologische Forschungsinstitut Niedersachsen untersucht nicht nur die
Anzeigen sondern auch das „Dunkelfeld". Hier wurden u.a. acht Städte
untersucht. 1998/99 haben nach Befragungen zwischen 15 und 24% der
Jugendlichen in den letzten zwölf Monaten eine Gewalttat begangen. 2005/2008
waren es nur noch zwischen 11,5 und 18,1%. Es kam also zu einem deutlichen
Rückgang. Wenn man nur die jungen Tatverdächtigen der letzten zehn Jahre
betrachtet, so ist auch insgesamt ein Rückgang zu betrachten.

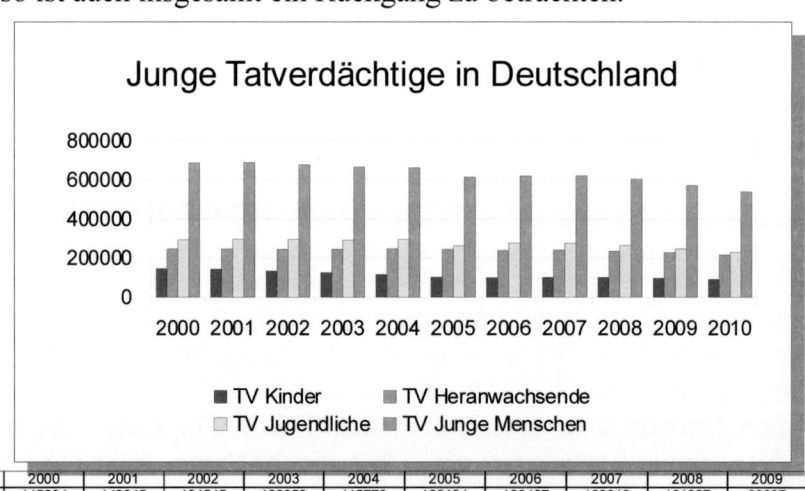

Junge Tatverdächtige in Deutschland

■ TV Kinder ■ TV Heranwachsende
□ TV Jugendliche ■ TV Junge Menschen

Jahr	2000	2001	2002	2003	2004	2005	2006	2007	2008	2009	2010
TV Kinder	145834	143045	134545	126358	115770	103124	100487	102012	101387	96627	91960
TV Heranwachsende	247586	246713	245761	247456	250534	247450	241824	242878	237190	227847	216764
TV Jugendliche	294467	298983	297881	293907	297087	264450	278447	277447	265771	248702	231543
TV Junge Menschen	687887	688741	678187	667721	663391	615024	620758	622337	604348	573176	540267

Fazit: Wenn man nur die Anzahl der Strafanzeigen nimmt, so gibt es immer mehr Gewalt. Bezieht man die anderen Statistiken mit ein, sieht das Bild schon anders aus. Manche zeigen ein gleichbleibendes Bild, bei anderen wird die Jugend sogar „besser". Ich möchte hier nicht das Jugendverhalten verharmlosen. Viele Sachen sind nicht zu entschuldigen. Es sind immer noch viel zu viele Schlägereien und viel zu viele Straftaten. Meiner Meinung nach zeigt dieses Kapitel „nur", dass die Jugend heute nicht schlimmer geworden ist, als die Jugenden davor. Warum es trotzdem jede Erwachsenen-Generation anders sieht, versuche ich in Kapitel 2.3.8 (Früher war alles besser) zu erklären. Auch Kapitel 1.3.4 (Die früheren Jugenden) zeigt, dass die Jugendlichen früher anscheinend auch nicht besser oder schlechter waren.

> **Fazit: Die Jugend ist „immer" *schlecht!!!***

2 Problemlagen

„Die meisten Menschen verwenden mehr Zeit und Kraft darauf, um
Probleme herumzureden, anstatt sie anzupacken." (Henry Ford)

Es gibt viele Sachen, die man anprangern kann. Steuergelder werden in Bänker und andere unseriöse Geschäftemacher investiert. Deshalb muss natürlich an anderer Stelle gespart werden, z.B. bei der Bildung oder bei der Polizei. Innerhalb

Ich hasse Fernsehen. Wiederholungen, Werbung und Gewalt. Das sind jeden Tag zehn sehr schlimme Stunden für mich.

von acht Jahren baute die Berliner Polizei ca. 15% der Planstellen ab (2000: 20.250 Stellen / 2008: 17.315 Stellen). Auch Baden-Württemberg hat 9,1%, Hessen 8,7% und Thüringen 7,6% der Polizeistellen eingespart. Wenn dadurch weniger geblitzt wird, freut sich so mancher Bürger. Doch wenn bei mir eingebrochen wird, ich die Polizei anrufe und aufgrund von Personalmangel kein Einsatzwagen in der Nähe ist, sieht dies schon anders aus.

2.1   Gründe für Gewalt

Jeden Tag wird das Häschen mit der roten Mütze vom Bär und dem Fuchs verprügelt. Eines Tages denkt sich der Fuchs, „das ist doch langweilig, wir brauchen einen Grund." Am nächsten Tag wird es verprügelt, weil es eine rote Mütze auf hat. Dann denkt sich der Fuchs, „der Grund ist doof, wir fragen morgen nach einer Zigarette. Wenn es uns eine mit Filter gibt, hauen wir es, weil es uns den Geschmack versauen will. Gibt es uns eine ohne, schlagen wir es, weil es uns vergiften will." Am nächsten Tag kommt das Häschen wieder an dem Bär und dem Fuchs vorbei. Sie halten es auf und fragen nach einer Zigarette. Darauf antwortet das Häschen: „Wollt Ihr welche mit oder welche ohne Filter?" Fuchs und Bär schauen sich dumm an, dann schubst der Bär den Fuchs mit dem Ellenbogen und sagt: „Du, es hat immer noch eine rote Mütze auf!"

Die Gründe für Gewalt oder sonstige Verhaltensweisen sind nicht immer nachvollziehbar. Gewalt ist natürlich (siehe Kapitel 1.1.3) und wird niemals komplett aus der Menschheit verschwinden. Doch sollten die Regierungen aller Länder einen so professionellen Abstand und so eine Intelligenz besitzen, dass sie selbst so wenig Gewalt wie möglich anwenden. Also weder Menschen unnötig quälen oder gar töten. Trotzdem praktizieren knapp die Hälfte der Staaten der Erde, nämlich 94 von 193, heute noch die Todesstrafe - und in 27 weiteren Ländern ist sie gesetzlich erlaubt, wird nur in den letzten Jahren nicht mehr angewendet. Doch was bewegt Menschen, die anderen Gewalt antun möchten?

Nimmt man die Extremgewalttat Amoklauf, so ist laut Fachbuchautorin Britta Bannenberg **Demütigung** der Hauptgrund. Verdrängte Demütigung führten bei mangelndem Ausgleich zur inneren und/oder äußeren Eskalation. Eine Demütigung entsteht meist durch ein Ungleichgewicht.

In Untersuchungen stellte sich heraus, dass es besonders dann zu Gewalt kommt, wenn ein großes **Ungleichgewicht** vorhanden ist. Wenn es mir schlecht geht und Ihnen auch, kommt es gelegentlich zu Gewalttaten. Geht es mir schlecht und Ihnen gut, steigt die Wahrscheinlichkeit stark an, dass es zu Gewalttaten kommt. Und wie sieht es in der Welt aus? Zahllose andere Menschen verlieren ihr Leben aus Mangel am täglichen Brot. ***Mangel?*** In den USA landen jedes Jahr 25 bis

50% der hergestellten Lebensmittel im Müll. Gleichzeitig sind auf der Welt 800 Millionen Menschen unterernährt. 200 Millionen davon sind Kinder. Jährlich sterben 40 Millionen Menschen an Unterernährung, jede Sekunde einer, alle fünf Sekunden ein Kind. Gleichzeitig besitzen 358 Milliardäre genauso viel, wie das Jahreseinkommen von rund der Hälfte der Weltbevölkerung. Und Ungleichgewicht ist ein willkommener Nährboden für Gewalt.

2.1.1 Das Fernsehen ist an allem schuld

„Die Geschichte des Fernsehens ist eine Geschichte voller Missverständnisse. Dabei hat dieser kleine Kasten vielleicht mehr für die Verblödung der Menschheit getan als jedes andere Medium."
(Oliver Kalkofe)

Über das Internet bekam ich leider mit, dass sich ein GNTM-Möchtegern-Modell und eine BigBrother-Ex-Inhaftierte mit Kettensägen um einen Hund prügelten. Danach kam es dann noch zu einem Gerichtsverfahren um das Hundesorgerecht. Da frage ich mich wirklich, wie schafft es das Fernsehen immer wieder an solche „tollen" Menschen zu kommen. Das Niveau sinkt und die Anzahl der Fernseher wächst. Früher gab es pro Haushalt unzählige Kinder und manchmal ein Fernsehgerät. Heute ist es meist umgekehrt. Doch wie wirkt sich dies aus?

In einer Folge der Zeichentrickserie „Die Simpsons" ahmt das Baby Maggie Gewaltverhalten aus dem Fernsehen nach. Deshalb werden die Lieblingscartoons der Kinder abgesetzt. Eine Einstellung zeigt dann die Kinder, wie sie draußen im Park und auf dem Spielplatz Spaß haben, miteinander spielen und nett zueinander sind. Als die Cartoons wieder gezeigt werden, sind die Spielplätze wieder leer und die Kinder hocken vor der Glotze. Ist dies wirklich so?

Wie viel Fernsehen schaut so ein Kind?

Die Hälfte der deutschen 15-jährigen verbringt von den ca. 5.800 wachen Stunden im Jahr:

- 1.000 Stunden in der Schule

- 1.200 Stunden in der Familie

- 1.170 Stunden vor dem Fernseher

Da zu 41% die Familie gemeinsam Fernsehen schaut, verringert sich die gemeinsame Zeit auf keine 700 Stunden.

Nach Studien übernimmt das Fernsehen 42% der Erziehung bei Jugendlichen, gefolgt von der Schule und den Eltern. Ein Blick ins Fernsehprogramm reicht, um zu sehen, wie *pädagogisch wertvoll* die Beiträge oft sind.

Und auch zweijährige Kinder schauen an die zwei Stunden täglich in die Glotze. Schulkinder schauen in Deutschland über drei Stunden Fernsehen am Tag und sitzen noch zusätzlich zwei Stunden am PC.

Welche negativen Auswirkungen hat das Fernsehen?

Mein Gott, die Politik sollte den Kindern verbieten, so viel Gewalt im Fernsehen zu schauen!!!

Gerade in der Entwicklungsphase ist ein Lernen und Erfahren über alle Sinne entscheidend. Nur dann entwickelt sich das Gehirn weiter und das Kind hat alle Möglichkeiten. Das Fernsehen ist zweidimensional. Bild und Ton sind am Bildschirm zwei Wahrnehmungen, die für das Kind erst einmal nicht zusammenpassen. Die Bilder sind viel zu schnell und der Geschichte kann das Kind sowieso nicht folgen. Und das ist völlig unabhängig vom Programm. Das Gehirn kann keine klare Strukturierung aufbauen. Fernsehen ist nach Prof. Manfred Spitzer deshalb eindeutig „Gift" für Ein- bis Dreijährige.

Wenn Zweijährige zwei Stunden am Tag fernsehen, sind das 20% ihrer wachen Zeit. Und nach Untersuchungen (z.B. USA 2004) kann man einen Zusammenhang zwischen dem Fernsehkonsum als Kleinkind und AD(H)S und Lese-Rechtschreib-Schwäche herstellen. Je mehr das Kleinkind in die Glotze schaut, desto wahrscheinlicher ist, dass es unter AD(H)S oder Lese-Rechtschreib-Schwäche in der Grundschule leidet. Auch ein Zusammenhang zwischen Übergewicht und Fernsehen kann hergestellt werden. Prof. Spitzer sagt dazu: „Je Fernsehen, desto dicker." Mit jeder Stunde mehr, die ein Mensch durchschnittlich vor dem Fernseher hockt, steigt das Alzheimer-Risiko um den Faktor 1,3. Je mehr Zeit vor dem TV verbracht wird, desto höher ist die Wahrscheinlichkeit für Infarkt, Schlaganfall und Diabetes. Nach Statistiken wird es 2025 zu 40.000 zusätzlichen Toten aufgrund der Auswirkungen des Fernsehkonsums kommen.

Wie viel Gewalt ist eigentlich im Fernsehen?

Bereits der amerikanische Telecommunications Act von 1996 hielt fest: „Das durchschnittliche amerikanische Kind ist jede Woche während 25 Stunden dem Fernsehen ausgesetzt. Dabei werden Kinder im Durchschnitt mit 8.000 Morden und 100.000 Gewaltakten konfrontiert." Amerikanische Schulkinder haben am Ende ihrer Schulausbildung durchschnittlich 18.000 Morde im Fernsehen gesehen.

Nach der Zeitschrift „Hörzu" werden 25.000 Morde pro Jahr im deutschen Fernsehen gezeigt, 25 Stunden Mordszenen pro Woche. Allein in dem Film „Natural Born Killers" bringt es das Liebespaar auf insgesamt 52 Morde.

Nur in 4% der Gewaltfälle wird eine gewaltfreie Lösung angeboten, in 50% tut die Gewalt augenscheinlich nicht weh und in 70% kommt der Gewalttäter ungeschoren davon. Ist es das, was wir täglich mehrere Stunden vermitteln und lehren möchten?

Doch werden Zuschauer auch gewalttätig?

Laut dem Spiegel soll „Natural Born Killers" zehn realen Mordserien als Vorlage gedient haben. Der bekannteste Fall betrifft zwei Jugendliche, die, nachdem sie ein paar Tabletten LSD geschluckt und den Film mehrmals gesehen hatten, eine Verkäuferin bei einem Raubüberfall niederschossen. Auch die allgemeine Meinung geht davon aus, dass Gewalt im Fernsehen aus Menschen Gewalttäter macht. Meiner Meinung nach suchen sich gewalttätige Menschen Filme, Computerspiele, Hobbys und Musik, die ihrer Neigung entsprechen. Menschen werden auch nicht romantischer, wenn sie sich Sissy-Filme anschauen. Aber romantisch veranlagte Menschen schauen sich so *komische* Filme an.

Es gibt auch Hinweise, dass Fernsehen die Menschen nicht gewalttätiger macht. Auf der abgelegenen Insel St. Helena, die der letzte Aufenthaltsort des Kaisers Napoleon war, gab es bis 1995 kein Fernsehen. Nun untersuchten englische Verhaltensforscher, wie die Einführung des neuen Mediums auf die Menschen wirkt. Und wurden die Menschen alle zu Monstern? Nein, sogar im Gegenteil. Speziell bei Kindern beobachteten die Forscher weniger unsoziales Verhalten und sogar einen Zuwachs an Friedfertigkeit.

Hat das Fernsehen auch gute Seiten?

Wie bereits mehrmals geschrieben, hat jede Medaille zwei Seiten. In der letzten Untersuchung konnte man sehen, dass das Fernsehen augenscheinlich nicht direkt so schlimme Auswirkungen hat. Auch konnte ich im letzten Jahrzehnt beobachten, dass bestimmte Sendungen sogar positive Auswirkungen auf Menschen haben konnten. Ich habe mich z.B. mit Jugendlichen aus Hauptschulen unterhalten, die am Abend davor **„Wer wird Millionär?"** gesehen hatten. Sie fanden es faszinierend, dass es Menschen gibt, die soviel Wissen haben. Die letzten acht Jahre hat die Schule es ihnen aberzogen und so ein „blödes" Abendprogramm erinnert sie wieder daran: Wissen ist faszinierend, kann Spaß machen und es bringt auch etwas.

Auch ist die Meinung bezüglich der **„Super-Nanny"** Katja Saalfrank sehr unterschiedlich. Doch sie schaffte etwas bis dahin Undenkbares. RTL-Zuschauer beschäftigten sich nicht nur mit Morden und nackten Brüsten. Sie beschäftigen sich mit Erziehung. Kam ich als Jugendamtsmitarbeiter in eine Familie und die Leute berichteten mir etwas über ihre *blöden* Kinder, fragte ich, ob sie die Super-Nanny kennen. Alle bejahten. Die nächste Frage war dann, wie die Super-Nanny es schaffen würde, dass die Kinder sich ändern. Ändert sie das Verhalten der Kinder? Nein! Sie ändert das Verhalten der Eltern und schon verbessert sich das Verhalten der Kinder. Dies war vielen RTL-Guckern vor der Super-Nanny leider nicht bewusst. Einige haben dann doch noch etwas dazu gelernt.

> *„Ich bin nicht dumm genug, um das deutsche Fernsehen ernst nehmen zu können." (Hans-Joachim Kulenkampff)*

2.1.2   Ballern macht blöd und gewalttätig

> *„It's not a game!" (Sony Playstation)*

In einem Youtube-Film sagt Werner Stauffacher, dass Menschen, die spielerisch lernen zu schießen und zu töten, später auch schießen und töten. Dies wäre unausweichlich! Ich scheine da immer noch eine Ausnahme zu sein. Ich habe schon unzählige Menschen am Bildschirm auf viele Arten ermordet, doch bisher noch keinen Menschen getötet. Auch habe ich es zur Zeit nicht vor. *Aber da bin ich wohl eine Ausnahme. Alle anderen töten wahrscheinlich auch reale Menschen.*

Wie viele **junge Menschen** spielen eigentlich diesen *Quatsch*? ENIGMA GfK machte im Jahre 2010 eine Umfrage unter Jugendlichen bezüglich Gewaltspielen an Konsolen oder Computern. 36% der Befragten gaben an, dass sie selbst spielen würden. 63% der Befragten haben Freunde, die „Ballerspiele" spielen.

Und macht es auch gewalttätig? Dr. Thilo Hartmann (Universität Los Angels – Medieninteraktion) ist davon überzeugt, dass gewalttätige Computerspiele aggressives Verhalten, aggressive Wahrnehmung und gewalttätige Gemütszustände fördern:

> *„Nach dem Spiel ist die Gewaltbereitschaft gesteigert – die Welt erscheint feindlicher."*

Psychologen der Universität Michigan beobachteten Männer und Frauen in einer Langzeitstudie. Die, die in ihrer Kindheit oft Gewaltfilme und -spiele konsumierten, neigten eher zu Gewaltausbrüchen. Auch begingen sie eher strafbare Handlungen im Gewaltbereich.

Was heißt hier gewaltverherrlichend? Das sind Zombiebabys aus der Unterwelt und die Welt kann nur gerettet werden, wenn man ihnen den Kopf abhackt und C4-Sprengstoff in den Hals steckt. Du musst das Ganze im Kontext sehen!!!

Trotzdem gibt es für einige dieser Spiele deutsche oder sogar Weltmeisterschaften. Da klicken einige Meister schneller mit den Fingern als Microsoft abstürzen kann. „Ballerspiele" sind nunmal sehr beliebt. Half-Life 2 verkaufte sich über vier Millionen mal, Doom 3 an die zwei Millionen und das deutsche Ballerspiel FarCry an die 2,5 Millionen mal.

Übrigens finde ich, dass FarCry und Max Payne sehr gute Ballerspiele sind, die viel Spaß machen.

Wie alle Sachen, die Spaß machen können, ist hier auch ein Suchtfaktor vorhanden. Gerade Simulationen wie „Second life" oder Endlos-Onlinespiele wie „World of Warcraft" sind für die Spielsucht *sehr gut geeignet*. Wenn ich selbst spiele und in „Flow" gerate, kann ich die Zeit vergessen und merke meinen Durst oder meinen Hunger nicht. Doch dies endete spätestens nach zwei Tagen. Es gibt immer mehr Berichte von jungen Menschen, die bereits das erste Jahrzehnt in der engen PC-Ehe erreicht haben. Dieses viele Spielen hat negative Auswirkungen auf das Gehirn, weil es nur einseitig gefördert wird. Gerade in der Entwicklungsphase führt das zu gravierenden Entwicklungsverzögerungen.

Doch die Technik ist nicht nur negativ. Ohne meinen Mac wäre dieses Buch wohl nicht entstanden. Auch für andere Arbeitsbereiche sind die technischen Hilfsmittel eine Erleichterung. Außerdem machen einige Sachen Spaß, z.B. Siedler, Moorhuhn oder Minesweeper. Die Universität Rochester hatte Personen mit Ballerspielen (Half-Life / Counterstrike) geschult, aufmerksamer zu sein und sich schneller einen Überblick zu verschaffen. In Tests, Wichtiges von Unwichtigem zu unterscheiden, schnitt diese Gruppe auch besser als ihre Kontrollgruppe ab.

Übrigens: *Wenn Sie Killer oder Elitesoldat werden möchten, eignen sich Ego-Shooter nicht zum Training.* Eine Studie der US-Armee zeigte, dass Spieler im Erkennen von Gefahren schlechter abschnitten als Nicht-Spieler. Besonders gut schnitten Menschen ab, die aus Stadtteilen mit vielen Straßengangs kommen. Sie haben stets die gesamte Umgebung im Blick und nicht nur einen Ausschnitt.

2.1.3   Es war der falsche Freundeskreis

> *„Die Bibel lehrt, unsere Feinde zu lieben wie unsere Freunde -*
> *vermutlich weil es dieselben sind.“* (*Vittorio De Sica*)

Das Kriminologische Forschungsinstitut Niedersachsen fand heraus, dass wer mehr als fünf straffällige Freunde in seinem Umfeld hat, mit 21,3% um das 50-fache häufiger zum Gewalttäter wird als Gleichaltrige, die keine Straftäter im Freundeskreis haben.

Das menschliche Lebewesen passt sich seiner Umwelt an. Nicht nur die natürlichen Gegebenheiten (Sonne, Temperatur, Nahrung) sind da wichtig, sondern auch der Freundeskreis und der Arbeitsplatz. Deshalb gibt es auch die typische „Büro-Schlaftablette“, den typischen „Party-Skilehrer-Gigolo“ oder den typischen „Computer-Nerd“. Für jeden an Frisur, Kleidung und Körperhaltung erkennbar. Und diese umgeben sich meist mit ihresgleichen. Lehrer sind mit Lehrern zusammen, Nerds mit Nerds und Punks mit Punks. Die meisten Menschen mögen sich selbst und deshalb mögen sie auch Menschen, die ihnen ähnlich sind. Schön zu betrachten ist das bei verliebten Pärchen, die sich im Café in einer fast identischen Haltung gegenübersitzen und zur gleichen Zeit am Strohhalm der Cola schlürfen. Die Krönung des Ganzen sind Paare, die in komplett gleicher Kleidung Hand in Hand durch die Straßen marschieren. *Dabei muss ich an mich denken, der als ca. Zehnjähriger unbedingt den gleichen Trainingsanzug wie mein bester Freund haben musste, obwohl dieser eigentlich hässlich war und nicht zu mir passte. (Ich meine den Trainingsanzug.)*

Das griechische Zitat „Zeige mir deine Freunde, und ich sage dir, wer du bist" könnte meiner Meinung noch erweitert werden in „Egal mit wem du deine Zeit verbringst, es prägt dich". Deshalb ist auch die Berufswahl für die weitere Charakterentwicklung entscheidend. *Möchten Sie ein „Klugscheißer" werden, so sollten sie am besten vormittags immer Recht und nachmittags frei haben, um z.B. zu lesen oder in die Politik zu gehen – also Lehrer. Möchten Sie lieber Ihre Umwelt langweilen und Rückenschmerzen haben, so machen Sie eine Ausbildung zum Steuerfachangestellten. Möchten Sie versuchen die Welt zu retten, um dann daran zu verzweifeln, so studieren Sie Soziale Arbeit.* Also, wie bereits geschrieben, formt, beeinflusst und prägt uns unsere private und berufliche Umwelt. *Mein Kollege Marian Rohde arbeitet z.B. auf einer geschlossenen Station und ist den ganzen Tag von psychisch Kranken umgeben. Er sagt selbst, dass man seine Kollegen und die Patienten oft nur aufgrund des Schlüssels unterscheiden kann. Niemand wäre grundlos in der Psychiatrie.* Ich habe einige Zeit im „Sumpf" der niedrigschwelligen Arbeit mit süchtigen Menschen gearbeitet. Und ohne Zweifel wirkte diese Zeit auf meine Motivation und meine sonst eher optimistische Einstellung. Doch nicht nur der Beruf und der Freundeskreis wirken auf den Charakter ein. Auch die Medien, die Wohnungseinrichtung oder die Haustiere. Es ist oft nicht nur ein Scherz, dass sich Herrchen und Hund nach einiger Zeit im Verhalten und Aussehen spiegeln.

Es ist eines der Grundbedürfnisse sich als Rudeltier Mensch in eine Gruppe zu integrieren. Dazu zu gehören ist extrem wichtig. Doch jeder sucht sich seine Freunde selbst. In jeder Stadt kann ich mir aussuchen, zu welcher Gruppe ich gehören möchte. Jede Gruppenmitgliedschaft hat Vor- und Nachteile. Ansehen, Mutproben, Feindgruppen und andere Opfer gehören zu jeder Mitgliedschaft dazu. Und niemand stolpert aus Versehen als „lieber" Mensch in eine „böse" Gruppe hinein und wird dann auch „böse". Auch wenn ich jetzt einige Eltern enttäuschen muss:

Auch Ihr Kind hat sich die Freunde selbst und eigenverantwortlich gesucht!

2.1.4 Die Jugend gehorcht nicht mehr

„Die Deutschen gehorchen so gern, wie sie gern Gehorsam fordern. "
(Heinrich Böll)

Die Kinder von heute gehorchen nicht mehr und haben keinen Respekt. *Letztens am Baggerloch sagte einer: „Es ist mir scheißegal, wer dein Vater ist. Solange ich chille, läuft hier niemand über das Wasser!"* Aber ist es wirklich so? Wenn man eine kleine süße Tochter hat, bekommt man immer wieder die gleichen *blöden* Fragen gestellt. Meine Lieblingsantwort auf die Frage: „Ist sie auch lieb?" war dann: „Nein, sie ist abgrundtief böse. Aber sie hat gelernt sich anzupassen."

Aber ist es auch wirklich so wichtig, dass unsere
Kinder immer lieb sind und gehorchen?

1906 wurde Friedrich Wilhelm Voigt als **„Hauptmann von Köpenick"** bekannt. Er verkleidete sich als Hauptmann und sprach einen Trupp von gutgläubigen Soldaten an. Mit diesen verhaftete er den Bürgermeister und raubte die Stadtkasse aus. Dieses Ereignis ist in mehreren Büchern, Theaterstücken und Filmen verarbeitet worden, z.B. 1956 mit dem unvergessenen Heinz Rühmann. In den Zeitungsberichten aus dieser Zeit liest man immer wieder von Kadavergehorsam (ohne Gegenwehr) oder vom blinden Gehorsam (ohne auf den Weg zu achten).

„Umkleide dich in Preußen-Deutschland mit einer Uniform, und du
bist allmächtig. ... Der Sieg des militärischen Kadavergehorsams
über die gesunde Vernunft, über die Staatsordnung, über die
Persönlichkeit des einzelnen, das ist es, was sich gestern in der
Köpenicker Komödie in grotesk-entsetzlicher Art offenbart hat. "
(Berliner Volks-Zeitung vom 16. Okt. 1906)

Gerade in der Zeit von 1939 bis 1945 wurde bewiesen, wozu Menschen fähig sein können. Die Verantwortung wurde von vielen abgeschoben und wichtig war die Obrigkeitshörigkeit: **„Ein Volk – ein Reich – ein Führer"** Es bestand die naive Hoffnung, dass nach 1945 die Menschen daraus gelernt hätten. Es gab dann einige Experimente, ob die Menschen nun verantwortungsbewusst handeln.

1955 und 1972 wurden diensthabende Krankenschwestern verschiedener Krankenhäuser von einem Arzt angerufen, der ihnen persönlich unbekannt war. Dieser ordnete eine Medikation an, die die zulässige Höchstmenge auf der

Packung (gut sichtbar) überschritt. 95% der Schwestern verabreichten das Medikament.

Der amerikanische Psychologe **Stanley Milgram** (1933 – 1984) untersuchte ab 1961, ob „normale" Menschen anderen Elektroschocks per Knopfdruck zufügen würden, wenn diesen erklärt wurde, dass es für dieses Experiment notwendig sei. Über Lautsprecher hörte der „Knopfdrücker" bei jeder Erhöhung der Voltzahl das Grunzen, Betteln und Schreien des anderen Menschen. Ab einer bestimmten Voltzahl kam nur noch Stille. In verschiedenen Durchgängen brachen bis zu 65 % dieses Experiment <u>nicht</u> ab und gingen bis zum „Ende".

Das Experiment „**The Third Wave**" wurde 1967 an einer High School in Palo Alto vom Geschichtslehrer Ron Jones durchgeführt. Auslöser waren Aussagen in der Klasse, dass Verhaltensformen des Nationalsozialismus „bei uns nicht vorkommen könnten". Die Schüler bekamen Rollen zugeteilt und wurden Einschränkungen unterworfen; Verhaltensnormen wurden aufgestellt und streng durchgesetzt. Erschreckt über die Leichtigkeit, mit der die Schüler sich manipulieren ließen, brach Ron Jones das Experiment vorzeitig ab. Er führte in einer Schulversammlung einen direkten Vergleich mit Jugendorganisationen im nationalsozialistischen Deutschland vor. Daraus entstand 1981 der Roman „Die Welle" von Morton Rhue, welcher mehrmals verfilmt wurde.

Im 21. Jahrhundert läuft es nicht anders. 2010 sollten in Frankreich Testpersonen an der neuen Fernsehshow **„La Zone Extrême"** mitwirken. Dabei musste sich ein Kandidat Begriffe merken und wiedergeben. Bei Fehlern wurde er von der Testperson mit Stromschlägen von 20 bis zu 460 Volt bestraft. Anfangs stöhnte der Kandidat nur. Später schrie er vor Schmerzen und flehte nach Abbruch. Doch die Moderatorin und das Publikum feuerten die Testperson an. Ab 380 Volt war von dem Kandidaten nichts mehr zu hören. Dennoch schickten ihm 81% der Testpersonen einen Schlag von 460 Volt hinterher. Etliche zögerten zwar, versuchten zu mogeln oder die Moderatorin umzustimmen. Doch am Ende griffen sie zum Hebel. Dabei wussten sie nicht, dass der Stromschlag fingiert und der Kandidat ein Schauspieler war.

Und Sie möchten, dass alle Kinder gehorchen?

Es stimmt: Eine Gruppe von Mitläufern ist einfacher zu führen. Gehorsame Kinder sind „lieber". Der Mensch als Rudeltier mag die soziale Gruppe und ordnet sich unter bestimmten Bedingungen den Gruppenzielen unter. Diese Gruppenmenschen haben per se mehr Respekt vor Uniformen (z.B. Polizei), vor

Älteren (z.B. Ihnen) und vor Ämtern (z.B. Lehrer). Und das möchten wir doch alle? Oder nicht?

Bei Mobbingfällen wird es ganz deutlich: Auch die Zuschauer sind daran beteiligt. Jeder Zuschauer, der nicht einschreitet, ist für den Betroffenen ein Mittäter. Doch zum Einschreiten benötigt man Stärke und Selbstvertrauen.

> **Neinsager, Widersprecher, Ungehorsame, Unbeugsame, Hinterfrager und Nicht-Mitläufer sind nervig in der Gruppe – doch Menschen zu „nervigen" selbstbewussten Individuen zu erziehen ist die beste Prävention gegen Mobbing und Extremismus.**

Heute sollen die Jugendlichen lernen, Ämtern und Uniformen <u>nicht mehr</u> Respekt gegenüber zu bringen als anderen Menschen auch. Wenn ich alle Menschen respektvoll behandel, ist es gut. Der Nachteil wird dann ersichtlich, wenn der Jugendliche alle Menschen erst einmal gleich <u>respektlos</u> behandelt. Das schien in den 60er Jahren noch anders gewesen zu sein. Da haben auch die „Asozialen" erst einmal den Lehrer, nur des Berufes wegen, Respekt entgegen gebracht. Heute müssen sich viele Lehrer diesen Respekt erst erkämpfen. *Da ich weiß, wer aus meiner damaligen Stufe Lehrer geworden ist, sage ich mal: „Viel Spaß!" ;-)*

2.1.5 Die nehmen alle Drogen

> *„Immer wenn ich traurig bin, trink ich einen Korn.*
> *Wenn ich dann noch traurig bin, trink ich noch n' Korn.*
> *Wenn ich dann noch traurig bin, trink ich noch n' Korn.*
> *Und wenn ich dann noch traurig bin, fang ich an von vorn."*
> *(Heinz Erhardt)*

Alkohol
Alle Drogen sind irgendwie problematisch, auch der legale Alkohol. Fakten:

- Jeder Europäer trinkt durchschnittlich zwölf Liter reinen Alkohol pro Jahr.
- 5% der Berufstätigen in Deutschland sollen abhängig sein.

- Fünf Millionen gelten als stark alkoholgefährdet.
- An die zehn Millionen konsumieren Alkohol in riskanter Weise.
- In Deutschland sind 2,7 Millionen Kinder und Jugendlichen von der Alkoholabhängigkeit wenigstens eines Elternteiles betroffen.
- Etwa 2.200 Neugeborene pro Jahr (jedes 300.) sind von einer Schädigung durch Alkoholmissbrauch betroffen.

Die Psychiater Susham Gupta und James Warner warnen davor, dass Alkohol einer der Hauptverursacher von Demenz-Erkrankungen sein könnte. Da brauchen wir besonders die Unterstützung der Ärzteschaft. Diese gehören aber mit den Journalisten und Gastwirten zu den TOP-DREI-Alkoholkonsumenten. Doch dieser Massenkonsum bringt auch Todesopfer mit sich. In Europa geht jeder zehnte Todesfall auf Alkohol zurück, in Russland jeder siebte. *Nastrovje! Tja, was tut man nicht alles, um die Verwandtschaft und das Leben zu ertragen?! „Prost" bedeutet zufällig im Rumänischen „dumm".*

Viele Drogen steigern die Aggressionen und den Hang zur Gewalttätigkeit. *Wenn ich z.B. ein paar Schnäpse trinke, werden alle anderen um mich herum sehr viel aggressiver.* Von insgesamt 151.617 aufgeklärten Fällen 2010 im Bereich der Gewaltkriminalität wurden 48.563 Fälle (32,0%) unter **Alkoholeinfluss** verübt (2009: 33,1%). Bei den schweren und gefährlichen Körperverletzungsdelikten (41.734 Fälle) ging der Anteil zum Vorjahr von 36,2 auf 35,5% leicht zurück. Positiv kann festgestellt werden, dass der regelmäßige Alkoholkonsum von Jugendlichen (weiter) rückläufig ist (Drogen- und Suchtbericht, Mai 2011). Ein großes Problem stellt allerdings weiterhin das Rauschtrinken (*Koma-saufen*) dar.

Nikotin
Es gibt diese Vorurteile, dass Hartz-IV-Empfänger ihr ganzes Geld verrauchen und versaufen würden. Tatsächlich sagte das deutsche Krebsforschungszentrum 2004, dass einkommensarme Deutsche zwischen 10 und 20% ihres Geldes für Tabakwaren ausgeben würden. Es zeigte sich auch u.a. bei der KiGGS-Studie von 2007, dass Hauptschüler (43%) öfter rauchen als Gymnasiasten (30%). Die BzgA stellte 2009 fest, dass 60% der arbeitslosen Heranwachsenden rauchten, aber nur 37% der Erwerbstätigen. Auch in Hessen (2002), Berlin (2003) und Thüringen (2005) wurde festgestellt, dass einkommensschwache Menschen und welche mit schlechtem Schulabschluss mehr und öfter rauchen. Dies zeigt sich aber auch in

der Sterblichkeit. Nach Untersuchungen in Kanada ist die Wahrscheinlichkeit vor dem 69. Lebensjahr an den Rauchfolgen zu sterben bei „armen" Menschen (14%) fast dreimal so hoch wie bei „reichen" Menschen (5%). Die Herren Klocke und Hurrelmann stellten bereits 1995 bei Jugendlichen fest, dass „arme" Menschen eher zum Glimmstängel greifen.

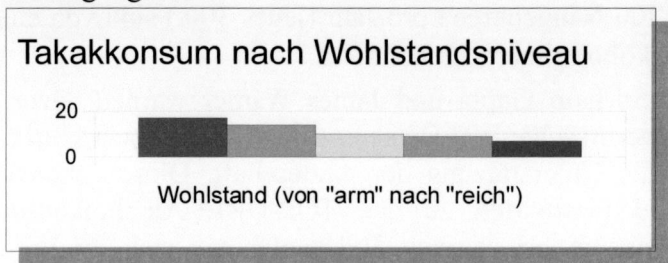

Lange Zeit ist der Zigarettenkonsum zurückgegangen. Der Anteil der Raucher hat sich im Alter von 12 bis 17 Jahren mehr als halbiert und ist von 27,5% im Jahr 2001 auf 12,9% im Jahr 2010 zurückgegangen. Im September 2011 stieg der Konsum um 2,4% (10 Milliarden Zigaretten pro Monat).

Illegale Drogen

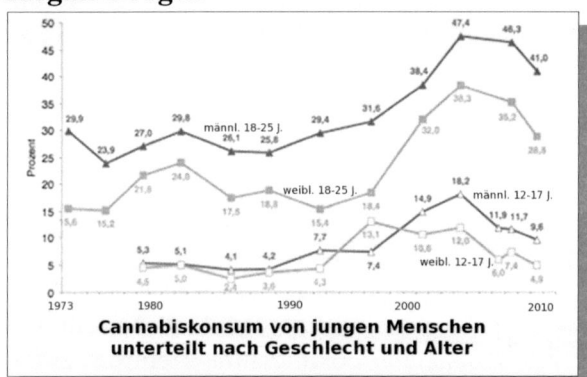

Cannabiskonsum von jungen Menschen unterteilt nach Geschlecht und Alter

Etwa 600.000 (hauptsächlich junge) Menschen missbrauchen regelmäßig **Cannabis**. Cannabis ist die am häufigsten konsumierte illegale Substanz. 7,4% der Jugendlichen und 35% der 18 bis 25-Jährigen in Deutschland haben 2010 Cannabis mindestens einmal probiert. Nach der BzgA ist der Konsum insgesamt seit den 70er Jahren gestiegen. Seit 2004 sinken die Zahlen. Dafür *bereichern* neue psychoaktive („Legal Highs" oder „Designerdrogen") den Markt.

Weitere 200.000 konsumieren **Opiate, Kokain, Amphetamine und Halluzinogene.** Schätzungen zufolge leben in Deutschland 30.000 bis 60.000 Kinder von drogenabhängigen Eltern. Im Jahr 2010 starben 1.237 Menschen an ihrem Drogenkonsum. Die Mehrheit der Drogentoten verstarb an den Folgen von Heroin (855 Menschen). Die 2010 registrierten Drogentodesfälle bedeuten den

niedrigsten Stand in den letzten zehn Jahren. Eine der besten Strategien, um mit Problemen fertig zu werden, ist ein Freundeskreis. *Damit ist ein richtiger Freundeskreis gemeint und nicht die Saufkumpanen oder Facebook-Freunde.* Doch heißt es auch: „Wer Sorgen hat, hat auch Likör". Drogen oder vielmehr Süchte können oft ein Beziehungsersatz sein. *„It´s my wife and it´s my life!"* *(Velvet Underground).* Die Droge Heroin wurde mal von einem Abhängigen wie das sorglose Leben im Mutterleib beschrieben. Als er mit einer Ersatzdroge runterdosiert wurde, sagte er dazu: „Ich werde gerade abgestillt!"

2.1.6 Gewalt lernt man in der Familie

> *„Du bist genau wie deine Mutter - verträgst keine Prügel."*
> *(Zeichentrickserie „Die Simpsons")*

Dass auch **Liebe** und **Zuneigung** für die Entwicklung notwendig sind, sollte mittlerweile jedes Kind wissen. In Versuchen der Kanadischen McGill-Universität wurde herausgefunden, dass Rattenkinder, die besonders fürsorglich von ihren Müttern behandelt wurden (zärtlich und häufig geleckt), auch in den Intelligenztests besser abschnitten. Liebe macht also nicht nur zufrieden, sondern auch intelligent.

> *„Eltern sind Vorbilder! Nur Lieblosigkeit, Gewalt in der Erziehung,*
> *schlechte Ernährung, gestörte Kommunikation und stabile negative*
> *Beispielhaftigkeit in der Lebensführung ermöglichen dem Kind, sich*
> *später in einer Welt der Outlaws, Kleinkriminellen, Hooligans und*
> *Nazis zurechtzufinden."* (Dieter Nuhr)

Die Neuropsychologin Naomi Eisenberger fand heraus, dass das menschliche Gehirn zwischen körperlichen und geistigen Schmerzen (Ausgrenzung / Demütigung) gefühlsmäßig nicht unterscheidet. Beides wird mit Aggression beantwortet. Prof. Joachim Bauer führt dies darauf zurück, dass der Mensch ein „soziales Tier" ist. Ausgrenzung von der Gruppe bedeutete in unserer Frühentwicklung den sicheren Tod.

In der **Literatur** über Gewalt in Familien wird bei körperlicher, seelischer und sexueller Gewalt eine Unterscheidung in leichte und schwere Formen der Gewalt vorgenommen. Der Deutsche Kinderschutzbund schrieb dazu im Jahre 2003:

„Körperstrafen sind eine nicht zufällige Zufügung kurzzeitiger körperlicher Schmerzen. Auch wenn sie erzieherisch gemeint sind oder zur Kontrolle kindlichen Verhaltens erteilt werden, bedeuten sie eine Herabsetzung des Kindes und eine Verletzung seiner Würde."

„Aus Opfern werden Täter" ist eine weit verbreitete Ansicht. Sie kann hilfreich sein, um Verständnis für die Täter zu entwickeln. Sie wird aber auch von Tätern als Entschuldigung herangezogen und kann so zur Stigmatisierung der Opfer beitragen, nach dem Prinzip: „Wer so etwas erlebt hat, aus dem kann ja nichts Vernünftiges werden."

Es gibt eine ganze Reihe von Untersuchungen, die sich mit dem Kreislauf von Gewalt beschäftigen. Diese versuchen zu klären, inwieweit in der Kindheit erlebte Gewalt später weitergegeben wird. Die Zahl der Eltern, die die erlebte Gewalt an ihre Kinder weitergeben, schwankt dabei nach Manfred Amelang und Claudia Krüger zwischen 18-90% (1995). Vielfach wird 30% als ein sachlicher Prozentsatz der Gewalttransfer-Rate angesehen. Wobei einige Untersuchungen davon ausgehen, dass bei innerfamiliärer Vernachlässigung die Gewalttransfer-Rate höher liegt. Interessant ist, dass weniger die jeweilige Gewaltform (also schlagen, schreien, Liebesentzug usw.), sondern mehr das Thema „Gewalt" weitergegeben wird.

Prof. Siegfried Lamnek und Ralf Ottermann befragten 2002 telefonisch Eltern nach eigenen Kindheitserfahrungen und der Anwendung körperlicher Gewalt. Das Ergebnis: Gewalt in der Kindheit erhöht das Risiko Gewalt anzuwenden. Die Zahl der Eltern, die in ihrer Kindheit keine Gewalt erleiden mussten, sich aber trotzdem gewalttätig gegenüber ihren Kindern verhalten, liegt in dieser Untersuchung bei 22,7 %. Demnach muss es also noch andere Ursachen für Entstehung von Gewalt gegenüber Kindern geben.

Bereits vor zwei Jahrhunderten sagte der Schweizer Theologe Alexandre Vinet zum Thema Familie: „Das Schicksal des Staates hängt vom Zustand der Familie ab." Die ersten Lebensjahre verbringt das Kind fast ausschließlich in der Familie. Ein soziales Lernen findet zum größten Teil hier statt. Laut verschiedener Studien werden rund 1,3 Millionen Kinder regelmäßig von ihren Eltern körperlich misshandelt. Über 50% der Bundesbürger bestrafen ihre Kinder mit Ohrfeigen oder noch schwerwiegenderen Maßnahmen. Nach Prof. Christian Pfeiffer findet die körperliche oder sexuelle Gewalt an Kindern und Jugendlichen hauptsächlich in den Familien statt. Aber wie sollen Kinder lernen, Konfliktsituationen gewaltfrei zu lösen, wenn es ihnen ihre Eltern nie beigebracht haben? Auf einem Werbeplakat aus der Reihe „Mehr Respekt vor Kindern" steht: „Wer Schläge einsteckt, wird Schläge austeilen". Anti-Aggressivitäts-Trainer Dr. Michael Heilemann sagte zu diesem Thema: „Schläger sind Menschen, die in ihrer Kindheit und Jugend Zurückweisungen, Demütigungen und Kränkungen erfahren haben." Peter Struck von der Universität Hamburg schrieb: „Niemand übt Gewalt aus, der nicht vorher schon selbst Opfer von Gewalt war, und sei es psychische Gewalt."

2.1.7   Es sind die bösen Gene

„Gene sind kein Schicksal." (Buchtitel von Jörg Blech)

Es ist mittlerweile unumstritten, dass der Mensch eine Mischung aus seinen **Genen** (seinem Erbgut) und seiner **Umgebung** (seinen Erfahrungen) ist. Meist wird sich nur noch um die prozentuale Verteilung gestritten.

Um zu erkennen, was genetisch veranlagt ist, wurde viel Energie in die **Zwillingsforschung** gesteckt. Eineiige Zwillinge (Erbgut identisch), die nach der Geburt getrennt wurden, wurden als Erwachsene untersucht. Das, was bei beiden anders war, war die Umgebung schuld. Das, was gleich war, war das Erbgut. Die Sache hat nur einen Haken. Die Hirnforschung zeigt, dass im Mutterleib die Ungeborenen bereits Erfahrungen machen und lernen. Wenn also die getrennten Zwillinge beide später mit 30 Jahren Marlboro rauchen, ist das nicht unbedingt genetisch festgelegt worden. Es wurde auch noch kein Gen gefunden, welches für das Marlboro-Rauchen verantwortlich ist. Es war wohl doch die Umgebung im Mutterleib. So etwas passiert, wenn die Mutter raucht und der Säugling das wohlige Gefühl im Mutterleib mit Nikotingeschmack verbindet (Klassische Konditionierung).

Im Roman „**Der dritte Zwilling**" von Ken Follett kommen Menschen mit gleicher Erbmasse vor. Alle haben Aggressionen in sich, aber bewältigen sie auf verschiedene Art und Weise. Ansonsten sind ja die Romane von Ken Follett sehr lesenswert (besonders „Die Säulen der Erde", „Die Nadel" und „Die Pfeiler der Macht"). Doch hier ist diese amerikanische Naivität sehr extrem. Die Wissenschaft hat mittlerweile klar bewiesen, dass es nicht so einfach ist. Trotzdem ist die Meinung der „Macht der Gene" weit verbreitet, bei Amerikanern *und* *anderen dummen Menschen.*

Natürlich sind die **„richtigen"** **Gene** erst einmal die Vorraussetzung für das menschliche Leben in unserer Gesellschaft. Man kann nicht einfach ein Lebewesen mit Pferde-Genen aufziehen wie ein menschliches Kind und sich wundern, dass es in der Schule so schlecht abschneidet und dass es ständig gemobbt wird. Die Neurobiologie zeigt, dass ein gesundes „menschliches" Kind alle Möglichkeiten hat, wenn es sich im Mutterleib entwickelt. Es gibt kein genetisches Programm, wie viele Gehirnzellen und wie viele Verbindungen nachher vorhanden sind. Es werden erst einmal viel mehr Zellen produziert, als wir brauchen. So aufnahmebereit und so voller Potenziale sind wir nie wieder im Leben. Bis zum dritten Lebensjahr haben wir bereits 35% unserer Gehirnzellen verloren. Die „bösen" oder die „dummen" Gehirnzellen oder Gene gibt es dabei nicht. Auch wenn mir als Sozialarbeiter beim Jugendamt mal eine Mutter erklärte: „Ich kann da nichts für. Meine Jungs haben die bösen Gene von meinem Ex." *Da frage ich mich, wer hat eigentlich diese Frau gezwungen, sich mit diesem „bösen" Kerl zu vermehren? Hätten die beiden mich vorher gefragt, so hätte ich ihnen sofort davon abgeraten.* Aber noch einmal:

Ein (gesunder) menschlicher Fötus hat erst einmal alle Möglichkeiten!

Nun geht es um die **Umwelt**. Jetzt ist die Frage, wie das Kind gefördert werden kann. Einige setzen bereits Musik von Mozart an den Babybauch, damit sich das Kind besonders gut entwickelt. Andere *gewöhnen es so oft wie möglich* an verschiedene Drogen. Nikotin, Koffein und Alkohol können da schon eine Menge anrichten. Die Bedingungen sind oft beeinflussbar. Und schon das Verhalten der Mutter während der Schwangerschaft hat Auswirkungen auf das Ungeborene:

- Raucht die Mutter, raucht das Kind höchstwahrscheinlich später auch.

- Hatte die Mutter viel Stress, ist das Kind höchstwahrscheinlich unruhig.

- Isst sie Obst, hat das Kind höchstwahrscheinlich eine Vorliebe dafür.

- Kinder von deutsch-sprechenden Müttern haben eine Lernbegabung für die deutsche Sprache – Kinder von Chinesen für Chinesisch, usw.

- Nimmt die Mutter Heroin, braucht das Kind nach der Geburt einen Entzug.

2.1.8   Die Gesellschaft trägt die Verantwortung

„Um ein Kind zu erziehen, braucht es ein ganzes Dorf."
(Afrikanische Weisheit)

Die Grundlagen werden oft in der Familie gelegt. Heute wird oft nach dem chinesischen Vorbild und unserer **Leistungsgesellschaft** der Anspruch an die Kinder immer höher gesetzt. Wenn heute einige Mütter gefragt werden, wie alt ihre Kinder sind, so antwortet sie: *„Der Chefarzt wird drei, und die Richterin ist gerade eingeschult worden."*

Wir leben in einer Ellbogen-Gesellschaft, in der es immer mehr Einzelkinder und Einzelhaushalte gibt. Schon in der Schule werden die Kinder zu Einzelkämpfern erzogen. Oder können Sie sich an sinnvolle Gruppenarbeiten oder wichtige Noten für Gruppenarbeiten in Ihrer Schulzeit erinnern? *Ich nicht.*

Auf die Frage nach den größten Sorgen, wenn man an die Zukunft seines Landes denkt, gaben 40% der Deutschen Kinderfeindlichkeit an (Ungarn 15%). Soziale Kälte fürchteten 24% der Italiener und 58% der Deutschen.

Was hat sich geändert? Die **„Normalbiographie"** des Menschen sah in den 60er Jahren so aus: Schule – Ausbildung – Job bei einem Arbeitgeber – Rente. Diese „Normalbiographie" gibt es heute in der Regel nicht mehr. Heute wird auf Flexibilität und Wandel gesetzt. Außerdem hat sich auch die Bevölkerungsstruktur geändert. Die Geburten sind nach der Wende deutlich zurückgegangen und die Menschen werden immer älter. Heute sind noch 61% im erwerbsfähigen Alter, also zwischen 20 und 65 Jahren. 19% sind unter 20 Jahre und 20% über 65 Jahre alt.

Bevölkerung in Deutschland

	1960 (BRD + DDR)	2010	2030
Unter 20 Jahre	19 Mill. (28%)	16 Mill. (19%)	13 Mill. (17%)
20 bis 65 Jahre	42 Mill. (61%)	49 Mill. (61%)	42 Mill. (54%)
Über 65 Jahre	8 Mill. (11%)	17 Mill. (20%)	22 Mill. (29%)
Insgesamt	69 Mill.	82 Mill.	77 Mill.

Man spricht vom **demografischen Wandel**. Dies bedeutet die Schrumpfung der Bevölkerungszahl bei gleichzeitiger Alterung der Bewohner. Es werden 2030 voraussichtlich 17% weniger Kinder und Jugendliche in Deutschland leben als heute. Die Personen im erwerbsfähigen Alter werden um ca. 15 % zurückgehen. Die Altersgruppe der über 65-Jährigen steigt um rund 35%. *Demnächst werden viele Säuglingsschwestern arbeitslos. Zum Glück können die mit Brei und Windeln umgehen und deshalb direkt im Altersheim anfangen.*

Also gibt es demnächst immer mehr Rentner und immer weniger Kinder. Trotzdem sieht es so aus, dass diese wenigen Kinder später die Suppe auslöffeln müssen, die wir ihnen eingebrockt haben. Trotzdem dürfen sie heute nicht wählen. Warum eigentlich nicht? Ich bin ganz klar für ein **Wahlrecht für Kinder.** Schließlich sind sie unsere Zukunft. Viele Menschen sind dagegen, weil:

- Ein Dreijähriger kann doch noch nicht wählen. Da stimme ich zu. Ich bin der Meinung, dass bis zum zwölften Lebensjahr die Eltern für das Kind wählen dürfen. Ich bin davon überzeugt, dass Eltern eher an die Zukunft der Kinder denken und dementsprechend wählen. Vielleicht werden dann auch Parteien gewählt, die nicht nur an die nächsten vier Jahre denken.

- Als Jugendlicher hat man noch viele Flausen im Kopf. Auch da stimme ich zu. Aber schließlich sollen die Jugendlichen doch Verantwortung lernen. Und dies tut man, wenn man welche bekommt. Und wie viele ältere Menschen haben auch Flausen im Kopf und dürfen trotzdem wählen.

- Jugendliche haben keine Ahnung von Politik. Kann sein – kann nicht sein. Ich kann Ihnen auch genug erwachsene Menschen nennen, die keine Ahnung von Politik haben. Als Wahlhelfer kam einmal eine halbblinde 80-jährige Frau zu mir und bat mich, dass Kreuz an die Stelle zu machen, wo sonst ihr Mann immer angekreuzt hätte. Und diese Frau ist wahlberechtigt.

- Jugendliche leisten nichts für die Gesellschaft. Das tun Arbeitslose und Rentner auch nicht. Und niemand kommt auf die Idee den Rentnern das Wahlrecht abzuerkennen. Schließlich sind sie die Hauptwählergruppe. *Auch wenn die ärztlichen Diagnosen anzeigen, dass sie die nächste Legislaturperiode nicht überleben, dürfen sie wählen.* Menschen, die unter den politischen Entscheidungen wahrscheinlich noch die nächsten 90 Jahre zu leiden haben, dürfen aber nicht wählen.

Übrigens: 2011 stimmte die CDU gegen das Wahlrecht von 16-jährigen Jugendlichen, weil diese noch nicht reif genug für eigene Entscheidungen sind. Gleichzeitig hatte ein hoher 40jähriger CDU-Politiker eine „Liebesaffäre" mit einer 16-Jährigen angefangen. Sie haben sich über Facebook kennengelernt. Wie passt das zusammen?

Kinder dürfen zwar nicht wählen, sind aber sehr kostbar und deshalb auch kostenintensiv. Jeder, der ein Kind hat, weiß wie teuer so ein „Hobby" ist. Ab zwei Jahren bezahlt man die Flüge und die Urlaube teilweise komplett mit. Der Kindergarten wird immer teurer und es wir immer schwieriger einen Platz zu bekommen. Schleswig-Holstein streicht einfach das versprochene kostenfreie dritte Kita-Jahr und vergrößert die Gruppen in den Kindergärten. Hamburg erhöht die Kita-Gebühren um bis zu 100 Euro pro Monat. Bundesweit fehlen nach wie vor ca. 320.000 Krippenplätze. Wickelmöglichkeiten gibt es auch kaum, geschweige denn Stillecken. Die große Ausnahme ist da IKEA. Dort gibt es doch tatsächlich auch Wickelmöglichkeiten auf der Herrentoilette. Es gibt Spielmöglichkeiten für Kinder, das „Småland" und kostenlose Gläschen für Babys und Kleinkinder. Aber ansonsten erlebte ich oft eine gewisse Kinderfeindlichkeit. Das Kind ist ein Störfaktor. Diese Menschenfeindlichkeit ist aber nicht gegenüber Kindern zu beobachten.

Das Landgericht Frankfurt stellte bereits 1980 fest, dass geistig und körperlich **Schwerbehinderte** im Urlaub einen **„Mangel"** darstellen, der zur Minderung des Reisepreises berechtigt.

Da gab es auch immer wieder **Klagen**, weil sich Kinder wie Kinder verhalten haben. Wenn behinderte Menschen einen Mangel darstellen, vielleicht ist es ja bei Kindern auch so. Da mussten u.a. die Vereinten Nationen in Artikel 31 der UN-Konvention schriftlich die Rechte des Kindes festlegen: „Kinder haben das Recht zu spielen."

In Deutschland musste erst einmal festgelegt werden, dass sich Kinderlärm von Verkehrslärm abgrenzt. Kinder und Jugendliche dürfen nach Ansicht des Bundesgerichtshofes dann ruhig mal laut sein. Lärm „als Begleiterscheinung kindlichen und jugendlichen Freizeitverhaltens" müsse in „höherem Maße" hingenommen werden. Lärm spielender Kinder auf Spielplätzen ist „naturnotwendig" und muss von Anwohnern hingenommen werden. Deshalb ist Lärm von einem öffentlichen Spielplatz kein Mietminderungsgrund. Die Richter begründeten ihre Grundsatzentscheidung mit dem „Interesse der Allgemeinheit an einer kinder- und jugendfreundlichen Umgebung". Das Oberverwaltungsgericht Münster sagte sogar: „Wer Kinderlärm als lästig empfindet, hat selbst eine falsche Einstellung zu Kindern." Das Amtsgericht Neuss begründete ihr Urteil mit: „… ein Mehrfamilienhaus ist kein Kloster, Kinder können nicht wie junge Hunde an die Kette gelegt werden."

Das sind vernünftige Urteile. Nur finde ich es schade, dass sich unsere Gerichte mit so einem Blödsinn so oft auseinander setzen müssen. Es gibt also anscheinend doch viele Menschen, die Kinder und Jugendliche als störend empfinden. Es ist z.B. ein Gerät entwickelt worden, welches hohe unangenehme Töne fabriziert. Diese Tonhöhe hört der Mensch aber nur bis zu seinem dreißigsten Lebensjahr. Dieses Gerät wurde schon auf öffentlichen Plätzen getestet. Uns siehe da: Die jungen Menschen waren weg. *So ein Gerät hätte ich mal gerne gegen Rentner, welches dann samstags im Supermarkt angewendet werden sollte.* Da würden sich viele wegen Menschenfeindlichkeit aufregen, bei *der Randgruppe* Jugend eher nicht. Nach wie vor wundere ich mich, wie viele wunderbare Kinder und Jugendliche sich trotz dieser Gesellschaft positiv entwickeln.

2.2 Ernährung

> *„Wer im Wirtshaus Gehacktes bestellt, hat das Vertrauen zu den Menschen noch nicht verloren." (Hanne Wieder)*

Da ich bisher in wenigen pädagogischen Büchern etwas über die Wechselwirkung der Jugend von heute und deren Ernährung gelesen habe, widme ich diesem Thema ein eigenes Kapitel.

Viele sagen: „Früher war alles besser! Da aß man noch natürlich."

(Als Nebeninformation: Auch die Natur ist nicht immer ganz ungefährlich, z.B. Fliegenpilze, Schlangengift, Vogelbeeren, Braunbären, Eisberge, Tsunamis usw.)

Es leben circa sieben Milliarden Menschen auf der Erde und die Bevölkerung steigt weiter an. Pro Minute sterben weltweit 100 Menschen und 156 werden geboren. Der Platz ist nicht das Problem. Bei einer Bevölkerungsdichte wie New York würden alle Menschen in den US-Bundesstaat Texas passen. Die Ernährung könnte nur schwierig werden. Der Anthropologe Jason Clay vom WWF sagt dazu: „Wir müssen in den kommenden 40 Jahren die gleiche Menge an Lebensmitteln herstellen wie in den vergangenen 8.000 Jahren." Also muss sich die Industrie etwas einfallen lassen, damit sie so viele Menschen wie möglich und recht günstig versorgen kann.

2.2.1 Die liebe Industrie

„Wer der Meinung ist, dass man für Geld alles haben kann, gerät leicht in den Verdacht, dass er für Geld alles zu tun bereit ist."
(Benjamin Franklin)

1862 ging es mit dem ersten chemischen Fleischextrakt los (Justus von Liebig).
1871 war die Margarine erfunden.
1886 erfand Julius Maggi die Fertigsuppe und Carl Knorr die Trockensuppe.
1894 entwickelte Dr. Rudolph Oetker das Backpulver.
Und so geht es bis heute weiter und täglich werden neue Nahrungsergänzungs-mittel entdeckt.

Der Mensch in Deutschland hat zurzeit noch viele Möglichkeiten, wenn es um seine Ernährung geht. 150.000 unterschiedliche Artikel stehen im Regal und es kommen jedes Jahr ca. 30.000 dazu. Jeder kann sich aussuchen, ob es biologisch, chemisch oder genmanipuliert ist. Doch nutzt uns die Auswahl etwas? Wenn ich in meinen Kühlschrank schaue, sehe ich verschiedene Käse- und Wurstsorten, Brotaufstriche, Butter, Margarine, Obst, Gemüse, Oliven, Gurken, einige Ketchup- und Senfsorten, Jogurts, Milch und Bier. Mein Köstrizer-Schwarzbier ist nach Deutschem Reinheitsgebot gebraut und beinhaltet deshalb Wasser, Malz, Hopfen und Hefe. Doch bei den anderen Sachen weiß ich gar nicht so genau, was da so drin ist und wie viel Chemie eigentlich dahinter steckt.

Und haben chemische Lebensmittel wirklich so viele Nachteile, wie es einige *„grüne Müslis in ihren Birkenstock-Sandalen"* gerne verkünden? Viele Stoffe kann ich gar nicht einordnen: Was sind eigentlich die ganzen E-Stoffe und sind Aromen jetzt gut oder nicht? Sobald es das Betriebsgeheimnis des Herstellers betrifft, werden diese Zusätze weder der Behörde noch dem Verbraucher angegeben. Der Hersteller ist verpflichtet, sich an die Vorschriften zu halten.

Deshalb kann es ja gar nicht vorkommen, dass etwas Unrechtes in die Nahrung kommt. (*Wer es nicht verstanden hat: Das war Sarkasmus, Sheldon.*) Einige Taten fallen manchmal auf. Eine Nestlé-Tochter hatte jahrelang einen 100%-Fruchtapfelsaft für Kleinkinder verkauft, der aus 100% Chemie bestand. Landliebe hat ein Produkt mit 70% Aprikosenanteil verkauft. Es enthielt keine einzige Aprikose, aber Aprikosenaroma. In den beliebten Fruchtzwergen sollen 40% Fruchtanteil enthalten sein. Nach Untersuchungen kommt man gerade mal auf die Hälfte.

Die Industrie kann die Meinung der Bevölkerung sehr stark beeinflussen. 30 Milliarden Euro werden allein in Deutschland für **Werbung** ausgegeben. Vierjährige können zwischen Programm und Werbung gar nicht unterscheiden und Achtjährige können sich kaum gegen die Überredungskunst wehren. Erst ab elf Jahren beginnt die Reife, sich mit den Werbebotschaften auseinandersetzen zu können. In Norwegen, Schweden oder Kanada ist es deshalb verboten Kinder zu „um-werben". Es gibt natürlich auch ein kleines Gegengewicht, z.B. den weltweiten Konsumentenverband „Consumers International" mit einem Jahresetat von ca. fünf Millionen Euro. Übrigens sind fünf Millionen Euro ca. das Budget, welches in Deutschland für die Einführung eines einzigen Artikels verbraucht wird. Deshalb wird es immer schwierig sein, zu wissen, was wirklich „gut" und was jetzt alles „giftig" ist.

Einige Firmen versuchen natürlich schon recht früh, die Konsumenten für ihre Produkte zu gewinnen. Untersuchungen zeigten, dass Kleinkinder, die Fertignahrung zu sich nahmen, auch viermal häufiger eine Vorliebe für Fertigprodukte mit den gleichen synthetischen Zusatzstoffen entwickelten. Deshalb möchten einige Firmen auch die Mütter davon abbringen zu stillen. Aber selbst für die stillenden Mütter und das noch ungeborene Kind gibt es Zusatzprodukte, damit z.B. die Muttermilch eine Chemie-Note erhält. So wird auch das gestillte Kind an die heutigen Produkte gewöhnt und gebunden. Kinder entwickeln später eine „Neophobie". Diese „Angst vor Neuem" sollte sie in der Natur vor Vergiftungen schützen. Habe ich also das Kleinkind an meinen Produktgeschmack gewöhnt, wird es diesem mit großer Wahrscheinlichkeit treu bleiben.

Interessant ist da ein nettes Missverständnis aus den achtziger Jahren. In Pakistan wurde in einer groß angelegten Kampagne für Säuglingsmilch geworben. Da viele dort Analphabeten sind, wurde dies in einer Bildgeschichte erzählt. Auf dem ersten Bild sah man ein weinendes Kind, auf dem Mittelbild das trinkende Kind und auf dem rechten dritten Bild sah man das fröhliche Babygesicht. Lustigerweise lesen die Menschen in Pakistan von rechts nach links. Die Botschaft war also klar. Das Kind ist solange fröhlich, bis es dieses Produkt zu sich nimmt. Dann weint es und wird krank.

Eine neuere Idee ist es, **Bio-Abfälle** wieder zu verwerten. Schon zu DDR-Zeiten gelang es künstlichen Kaviar aus Schlachtblut und Pralinenfüllungen aus Abfallerbsen herzustellen. Auch Fische, die bisher nicht so gerne verzehrt wurden, werden jetzt mit Aromen für den Menschen schmackhaft gemacht. Zerkleinerte Fischreste (jap. Surimi) können so nach Krebsfleisch oder Schweinewurst schmecken. Sie können aber auch in Milchprodukten und Nudeln verwendet werden. Dank Enzymfabriken und dem „Essenz-Klebstoff" Protamex können Schlachtabfälle verwertet und in einen wohlschmeckenden Schinken verwandelt werden.

2.2.2   Chemie im Essen

„Der Ausbau der Wissenschaft unter dem Vorwand, der Menschheit
zu helfen, ist eine der grössten Lügen unserer Zeit."
(Prof. Erwin Chargaff)

Etwa 100.000 verschiedene chemische Stoffe wurden weltweit nach dem zweiten Weltkrieg (*also nach 1945*) eingesetzt, um die Ernährung günstiger zu gestalten. 30.000 davon werden heute regelmäßig genutzt. Davon wurden ganze 3.500 auf ihre Langzeitwirkung getestet.

Untersuchungen der EU-Kommission ergaben, dass Kinder unglaublich viele **Chemikalien** zu sich nehmen. Viele empfohlene Werte werden bei unter Dreijährigen um das vierfache überschritten. Besonders bei Farbstoffen hat man für die Zulassung einen Tagesverzehr von 25 Milligramm vorausgesetzt. Laut der EU-Kommission nehmen heute Kinder an die 600 Milligramm Farbstoffe (Smarties, Softdrinks, Bonbons usw.) pro Tag zu sich. Farbstoffe haben nachweislich Auswirkungen auf Hirnfunktionen. Der Farbstoff Tartrazin (E 102) hatte in Versuchen Hyperaktivität und Aggressivität zur Folge.

In Europa werden 170.000 Tonnen chemisch hergestellte **Aromen** verbraucht (Deutschland etwa 39.000 Tonnen). Interessant fand ich, was in Deutschland so unter natürlichem Aroma läuft. Wenn ich aus australischen Sägespänen Erdbeergeschmack mache, Rizinusöl nach Pfirsich schmecken lasse oder Pilze zu Kokosaroma umfunktioniere, sind die Ursprungsstoffe natürlich. Also wird das Aroma dann auch als „natürlich" bezeichnet. Übrigens ist es auch üblich aus Fischresten ein „natürliches" Geflügelaroma herzustellen.

Die Aromen können unseren Geschmackssinn betrügen. Einige chemisch hergestellten Aromen können mit anderen Stoffen fruchtig nach Beere oder nach Fleisch schmecken. 600 verschiedene Geschmacksstoffe sorgen z.B. für den „echten" Hühnchengeschmack. Es sind so um die 2.500 Aroma-Substanzen in Deutschland im Einsatz. Insgesamt werden ca. 6.000 Aromen verwendet. Welche der Hersteller verwendet, ist seine Sache. Seit 1993 gibt es ein unabhängiges Gremium, welches die Aromen überprüft: „Joint WHO/FAO Expert Committee on Food Additives". Bisher wurden um die 1.500 dieser Zusatzstoffe untersucht. Es wurden dabei Aromen gefunden, die krebserregend sind oder Schäden am Erbgut hervorrufen könnten.

Nachdem **Glutamat** (auch E621, E625, Carrageen, Maltodextrin, Weizenprotein, Hefeextrakt, Trockenmilcherzeugnis) fast 50 Jahre auf dem Markt war, fanden Forscher 1990 heraus, dass es bedeutende Aufgaben als Neurotransmitter im Hypothalamus übernimmt. Dort kann es dann zu schädlichen Effekten führen. Ursprünglich wurde Glutamat aus einer Alge (Laminaria Japonica) gewonnen. Heute sind es die Abfallprodukte von Bakterien (Corynebacterium glutamicum), die in einer zuckerhaltigen Substanz baden. Die entstandene Säure wird filtriert und weiterverarbeitet, bis das weiße Glutamatsalz vorliegt. Die Produktion steigt stetig. 1976 waren es weltweit 262.000 Tonnen - 2003 waren es 1,5 Millionen Tonnen. Michael Hermanussen und Ulrike Gonder bringen dazu einen bildhaften Vergleich: 1,5 Millionen Tonnen entsprechen einer 2.500 km langen Lastwagen-Kolonne voll mit Natriumglutamat, also einer Kolonne von Stockholm bis nach Rom. Heute sind es an die zwei Millionen Tonnen Glutamat, die jährlich hergestellt werden.

Kaum ein Produkt der modernen Lebensmittelindustrie kommt heute noch ohne den „Geschmacksverstärker" Glutamat aus. Der Stoff ist sehr billig herzustellen und hilft den Herstellern so, teure Gewürze einzusparen. Auf der Zunge gibt es spezielle Sensoren für Glutamat. Gerade im chinesischen Essen befindet sich oft hohe Mengen von Glutamat. Die negativen Begleiterscheinungen (Kopfschmerzen, Übelkeit, Bluthochdruck, Atemnot) werden deshalb auch als China-Restaurant-Syndrom bezeichnet. Sie wurden bei ca. 2% der Deutschen festgestellt.

Glutamat erhöht die „Fresslust". Es wirkt auf die Regionen im Gehirn, die das Wachstum und den Appetit steuern. In Versuchen zeigten Tiere noch Fressattacken, obwohl sie schon längst satt waren. Dies führte sehr schnell zu übergewichtigen Tieren. Dieses ist auch auf Pflanzen übertragbar und deshalb werden durch Glutaminsäure Kartoffeln und Tomaten auf den Feldern größer. Prof. John Olney stellte in Tierversuchen fest, dass Glutamat Hirnzellen töten, zu Verkrüppelung des Skeletts, Übergewicht und Sterilität führen kann. Außerdem steht Glutamat im Verdacht Alzheimer, Parkinson und Hyperaktivität hervorzurufen.

Damit der Mensch ja nicht zu viel leidet, investiert die Pharma-Industrie riesige Summen in die Entwicklung von Medikamenten, die die Glutamatrezeptoren blockieren. Dann kann die Lebensmittelindustrie weiterhin ihre Milliarden verdienen und die Pharma-Industrie hat auch noch etwas davon. Aber vielleicht ist Glutamat ja auch gar nicht so gefährlich: Wissenschaftler einer Tagung 1996 in Stuttgart (finanziert vom Glutamat-Weltmarktführer Ajinomoto) fanden heraus, dass Glutamat unbedenklich sei. *Ja, dann ist ja alles in Ordnung.*

„Rauchen ist gesund" gez. Dr. Marlboro (Sketch von Otto Waalkes)

Zitronensäure (E 330) ist in vielen Nahrungsmitteln enthalten, z.B. in Margarine, Tomatensauce, Suppe, Pudding, Tee oder Milchbrei. Statt es aus der Zitrone zu gewinnen, ist es günstiger, es aus Schimmelpilzen und Bodenbazillen zu produzieren. Es kostet acht US-Dollar pro Pfund anstelle von 200 US-Dollar. Da auch diese kleinen Lebewesen natürlich sind, darf auf der Packung „natürlich" stehen. Zitronensäure greift die Zähne an und fördert die Aufnahme des Schwermetalls Blei und von Aluminium. Dies kann wiederum zu Hirnschäden, Alzheimer oder Störungen der Bewegungsabläufe führen.

Natriumdisulfit (E223) ist für 61 verschiedene Lebensmittelgruppen zugelassen, z.B. Weine, Trockenfrüchte oder Püree. Dieser Stoff kann zu einer Vermehrung von Darmbakterien führen. Die Folge sind löchrige Darmwände sein (Leaky-Gut-Syndrom). Verschiedene Stoffe geraten nun in den menschliche Kreislauf, wo sie eigentlich nichts zu suchen haben. Der Stoff Kasein aus der Milch kann so z.B. Autismus auslösen.

Oft ist Chemie mit Absicht im Essen, manchmal nur aus versehen. **Glyphosat** ist das meist verkaufte Unkrautvernichtungsmittel und wird weltweit eingesetzt. 90% der Soja-Bohnen und die meisten Maispflanzen aus den USA werden z.B. mit Glyphosat besprüht. 69 Pflanzenschutzmittel in Deutschland beinhalten diesen

Stoff. Weltweit wird über eine Millionen Tonnen davon jährlich verwendet. Schon in niedrigen Dosierungen ist es für menschliche Zellen hoch giftig. Trotz 1000-facher Verdünnung führt es in weniger als 24 Stunden zum völligen Zellsterben. Laut dem Spiegel (25/2011) kam es in Tierversuchen zu Hirnschäden und Missbildungen. Rinder und Schweine leiden unter Magenbluten und Koliken. Außerdem kommt es zu vermehrten Todgeburten. Beim Menschen steht Glyphosat im Verdacht Krebs, Alzheimer und Parkinson zu verursachen. In bestimmten Fällen wird Parkinson bereits bei Landwirten als Berufskrankheit anerkannt.

Bisphenol A ist in Plastikverpackungen enthalten. 410.000 Tonnen werden in Deutschland jährlich verarbeitet und stecken in Babyflaschen, Dosen und unzähligen Verpackungsmaterialien. Bisphenol A ist molekular nicht an die Verpackung gebunden und gelangt so ins Essen. Dieser Stoff imitiert menschliche Hormone und kann unfruchtbar machen. Auch das Risiko für bestimmte Krebsarten steigt rapide an. Der Grenzwert nach der US-Behörde FDA für Lebensmittelüberwachung liegt bei 0,05 Milligramm pro Kilogramm Körpergewicht. Bei Tierversuchen reichte schon eine Dosis, die 200 mal geringer war, um Zellen zu schädigen.

2.2.3   Zuckersüß ist das Leben

„Alle angenehmen Dinge sind entweder unmoralisch, illegal oder machen dick." (Alexander Woollcott)

In vielen Kinder- und Jugendprodukten ist viel **Zucker** enthalten, z.B. bis zu 70% in Gummibärchen. Die Werbung sagt dazu: „Mit 0% Fett!" Zucker ist lebenswichtig. Zuviel Zucker kann aber zu Verhaltensauffälligkeiten, Hyperaktivität und Lernstörungen führen. Versuche mit Ratten zeigten, dass Zucker leicht zur Droge werden kann. Der Stoff wirkt auf die gleichen Stellen im Gehirn wie Opium. Zucker stimuliert das Belohnungssystem im Gehirn und macht uns deshalb so „glücklich". **Süßigkeiten** sind weltweit und auch in Deutschland anscheinend kein schlechtes Geschäft. Der Konzern Ferrero gibt alleine in Deutschland 200 Millionen Euro für Werbung aus. 350 Millionen Lollies von Chupa werden jährlich weggelutscht. Doch nicht alles, was süß ist, ist Zucker. Da Zucker ja bekanntlich dick macht, nehmen viele lieber Süßstoffe.

Aspartam (E951) steckt in etwa 6.000 verschiedenen Produkten und ist ein weit verbreiteter Süßstoff z.B. in Diät-Cola. Dieser greift in höheren Mengen das Gehirn an. Es gibt viele Berichte von Nebenwirkungen: Kopfschmerzen, Migräne, Schüttelfrost, Verwirrung, Muskelschmerzen, Durchfall, Sehstörungen, und Panikattacken. In Tierversuchen führte es zu Schäden im Gehirn. Ebenfalls steht das Mittel im Verdacht, das Risiko für Gehirntumore zu erhöhen. Schädliche Effekte wurden in zahlreichen Studien nachgewiesen. Aspartam kann also schlank, krank und dumm machen: *Ideal also für alle Nachwuchsmodells.* Bei Personen mit einer bestimmten Stoffwechselkrankheit (Phenylketonurie) kann es sogar zu giftigen Konzentrationen im Blut kommen.

Erhält unser Körper etwas Süßes, so schüttet er Insulin aus, damit der Zucker abgebaut werden kann. Kommt dann kein Zucker, kommt es zum „cephalischen Insulin-Reflex" - Heißhunger. Tierversuche haben sogar ergeben, dass Süßstoffe dadurch dick machen. Holländische und dänische Schweine wurden mit Süßstoffen auf jeden Fall immer fetter. Auch eine große Untersuchung von 80.000 Frauen in den USA ergab, dass Frauen, die den Süßstoff bevorzugen, mehr zunehmen als die anderen.

Süßstoffe sind heute günstiger als Zucker. Da kann es passieren, dass wir „Light-Produkt" zu uns nehmen, ohne dass wir es wissen. Süße Gurken, Jogurts oder Getränke sind bereits oft ohne Zucker gesüßt. Das Süßungsprodukt Sunett wird in Deutschland bereits in über 3.000 Nahrungsmitteln verwendet.

2.2.4   Fette sind humorvoll und gemütlich

> *„Wir entstehen aus Asche und Staub. Deshalb haben einige Menschen den Ansatz, viel Staub aufzuwirbeln und dabei möglichst viel Asche zu machen." (Anonym)*

Der Stern im August 2011 (Nr. 35) macht die Fettleibigkeit der Deutschen zum Titelthema. Es sind Zeiten des Überangebots: An Tankstellen gibt es Schinken-Käse-Croissant, im Supermarkt Chips in Eimern, im Kino 1,5-Liter Cola-Becher und am Kiosk Schoko-Monsterriegel. Eine US-Studie zeigte, dass die Amerikaner innerhalb von 30 Jahren im Durchschnitt fast 600 Kilokalorien pro Tag mehr zu sich nehmen. Mein errechneter Tagesbedarf liegt bei 2500.

Ein Fünftel (20%) der Bundesbürger ist krankhaft fettleibig mit einem Body-Mass-Index (BMI*) von 30 und mehr. Ab 60 Jahren sind über 65% zu dick. *Und dann wird auf der dicken Jugend rumgehackt.* Die befindet sich nach Statistiken entweder genau im Durchschnitt (Höchstwert 20%) der Gesellschaft oder sind weit drunter (13%).

* Der BMI berechnet sich aus dem Körpergewicht (kg) geteilt durch die Körpergröße (m) zum Quadrat. *Danach hätte ich einen BMI von 25,5 und wäre damit übergewichtig (ab BMI von 25). Und ich möchte es mal mit den Worten von Obelix sagen: „Ich bin nicht dick!" Übrigens hat Wladimir Klitschko einen BMI von 28,1 (1,98 Meter groß und 110 Kilogramm schwer) und wäre ab einem Wert von 30 krankhaft fettleibig.*

Das Übergewicht hat negative Folgen für die Gesundheit. Obwohl die meisten Langzeitstudien zeigen, dass Menschen mit leichtem Übergewicht am längsten und gesündesten leben, z.B. erholen sie sich auch schneller nach operativen Eingriffen. Bei einem höheren Übergewicht sieht es da schon anders aus. Allein im Jahre 2010 wurden 13 Milliarden Euro im Gesundheitswesen für „Fette" und deren Folgen ausgegeben. Da muss doch etwas geändert werden, z.B. erhöhen die Kliniken die Traglast ihrer Operationstische von 150 auf 250 Kilo. *Auch ertrinken immer mehr dicke Menschen, weil sie von Greenpeace ins Meer geschoben wurden und nicht mehr rauskamen.* Die Statistiken zeigen auch: Menschen mit Abitur sind weniger fettleibig als welche mit Hauptschulabschluss. „Dick" und „Doof" gehört also zusammen. Je ungebildeter *Sie* sind, desto dicker sind *Sie*. *(Und ich gelte als übergewichtig – So eine Unverschämtheit.)*

Zum einen werden die Deutschen immer fauler, z.B. durch Automobile, Pizzaservice, Internetkäufe, Mobile Telefone und Fernbedienungen. In der Nachkriegszeit war man noch über zehn Kilometer täglich zu Fuß unterwegs. Heute machen wir mehr Meter, aber nur noch weniger als zwei Kilometer zu Fuß. Zum anderen sind es natürlich auch die Lebensmittel. Besonders aufgrund des Namens kann man die Fettmacher schon identifizieren. (*Deshalb klappt ja auch der tolle Werbespruch für Zuckerzeug: „Ohne Fett!"*)

Fette gelten als Dickmacher und sind deshalb verpönt. Doch der Verzicht führt zu Schwierigkeiten. **Omega-3-Fettsäuren** sind für Menschen lebensnotwendig und können im Körper nicht selbst hergestellt werden. Es ist in einigen Ölen und in vielen Fischen enthalten. Zu geringe Mengen erhöhen das Risiko auf Schlaganfall, Depression, Schizophrenie und Hyperaktivität. Bei aggressiven Jugendlichen wurde ebenfalls ein Mangel an diesen Fettsäuren und an Vitaminen nachgewiesen. Leider verzichten viele Supermärkte und Fastfood-Ketten auf Omega-3-Fettsäuren. Diese sind empfindlich und verkürzen die Haltbarkeit.

Olestra ist ein Fett-Ersatzstoff. Er „flutscht" so durch den Körper und macht deshalb nicht dick. Eine wirklich tolle Alternative ist dieser Stoff aber nicht. Er kann zu Durchfall und Krämpfen führen. Außerdem schwemmt er lebenswichtige Vitamine und andere Nährstoffe aus.

2.2.5 Auswirkungen der Ernährung

„Der Inhalt der Physik geht nur die Physiker etwas an, die Auswirkungen alle Menschen." (Friedrich Dürrenmatt)

Jede Medaille hat nun mal zwei Seiten. Die neuen Stoffe sind günstig in der Herstellung und sehen lecker aus. Manchen Menschen schmeckt es sogar besser. Diese Stoffe haben natürlich auch negative Auswirkungen. Bisher haben Sie bereits etwas von **Migräne, Schüttelfrost, Verwirrung, Muskelschmerzen, Durchfall, Sehstörungen, Panikattacken, Kopfschmerzen, Übelkeit, Bluthochdruck, Atemnot, Krebs, Parkinson**, **Hyperaktivität**, **Hirnschäden**, **Alzheimer** oder **Störungen der Bewegungsabläufe** gelesen. Und es geht leider noch weiter.

Das **Geschmacksempfinden** stumpft z.B. ab. Nach Untersuchungen brauchen Jugendliche heute 20-mal intensivere Geschmacksreize als noch vor 20 Jahren. Mitte der 90er Jahre wurden schon Kuchen und Schokoladen um 30% mehr gesüsst, um noch als süß empfunden zu werden.

Ca. 5% der Bevölkerung gelten als Nahrungsmittel-Allergiker. Der Bundesverband der Betriebskrankenkassen geht von 15% aus.

Da sind sich alle einig. Eine falsche Ernährung kann **dick** machen und heute sind nach verschiedenen Untersuchungen (z.B. Vorsorgeuntersuchungen in Hamburg und München) an die 20% der Kinder übergewichtig.

Doch macht Ernährung auch **dumm**? Laut Direktor Keith Conners (Duke-Universität North-Carolina) ließen sich durch eine andere Ernährung der IQ-Wert, die Leistungsfähigkeit und die Ausgeglichenheit von Kindern um 5% steigern.

Die Weltgesundheitsorganisation (WHO) sieht Ernährung sogar als Risikofaktor für die zunehmende **Aggressivität** und **Kriminalität** unter Kindern und Jugendlichen. In ihrem „Welt-Report über Gewalt und Gesundheit" von 2002 weißt sie bereits auf Schadstoffe im Essen hin, die das Hirn von Kindern schädigen und dadurch indirekt zu Jugendgewalt führen können.

Prof. Joseph Egger fand u.a. heraus, dass **AD(H)S** (Aufmerksamkeitsdefizit-/ Hyperaktivitätsstörung) und kindliche Migräne auf Lebensmittel zurückzuführen sei.

Immer mehr Kinder müssen wegen **Knochenschwund** (Osteoporose) behandelt werden. Der Mangel an „richtiger" Ernährung und der „Kalzium-Räuber" Phosphorsäure, welcher in Cola und Limonade enthalten ist, gehen zu Lasten des Knochengewebes. Schon 1999 wurde nachgewiesen, dass bereits ein Glas Cola am Tag schädliche Auswirkungen hat.

In vielen Lebensmitteln findet man „versteckte Spuren" von irgendwas. Einzeln sind diese Stoffe meist harmlos. Doch zusammen mit anderen Stoffen kann dies im Extremfall zum **Tod** führen. In den 90er Jahren wurde z.B. herausgefunden, dass das Zusammenspiel zwischen einem Sandwich, einem Hamburger und bestimmten Süßigkeiten zu dem Tod von sechs Kindern führte.

Um das Kapitel nicht noch länger zu machen, lasse ich einige Giftstoffe einfach weg, z.B. Diacetyl, Chlorpyrifos, Zuckerkulör, Weichmacher oder Acrylamid. Aber das heißt nicht, dass diese harmlos sind.

Übrigens geht es **Haustieren** nicht besser als dem Menschen. Da der Deutsche an die drei Milliarden Euro für seine Ersatzkinder ausgibt, hat die Industrie diesen Markt natürlich auch für sich entdeckt. Es wird auch hier immer mehr mit chemischen Zusätzen gearbeitet. Krankheiten, an denen die Haustiere versterben, sind oft die gleichen wie die bei den Menschen (Arthrose, Diabetes, Allergien, Krebs). In den USA sind heute schätzungsweise 40% der Hunde und Katzen übergewichtig.

2.2.6 Richtige Ernährung

„Der Nachteil der Intelligenz besteht darin, dass man ununterbrochen gezwungen ist, dazuzulernen." (George Bernard Shaw)

Bei so vielen giftigen Stoffen könnte man ja annehmen, dass es gesünder ist, **nichts zu essen**. Und tatsächlich gehen laut des Ernährungsberichts der deutschen Regierung 25% der Kinder mit leerem Magen in die Schule; nach Erkenntnissen des Deutschen Instituts für Kinder- und Jugendforschung in München sogar um die 33% (für Nichtmathematiker ist das ein Drittel). Doch ohne Treibstoff arbeitet der Motor nicht. Das Auto fährt nicht ohne Benzin. Die Muskeln und das Gehirn arbeiten nicht ohne Nahrung. In verschiedenen Tests wurde nachgewiesen, dass jene Schüler, die frühstückten, 40% bessere Mathematiknoten hatten. Die Nicht-Frühstücker hatten doppelt so oft Depressionen und viermal so häufig Angstzustände. Also bringt nichts essen auch nichts.

Was ist aber nun die richtige Ernährung?

Vitamine sind lebenswichtig. Aber auch zu viele sind schädlich. Betacarotin erhöht bei Rauchern das Krebsrisiko. Gelbsucht (Vitamin A), Nervenstörungen (Vitamin B6), Nierenstein (Vitamin C) sind nur einige weitere Nebenwirkungen. Einige Vitaminpräparate sind nicht nur unnütz, sie verkürzen sogar das Leben. Trotzdem boomt das künstliche Vitaminbusiness. Allein Vitamin C setzt jährlich 140 Millionen Euro um. Da haben sich einige Firmen sogar zu illegalen Preisabsprachen verabredet. Der Schweizer Pharma-Konzern Hoffmann-La Roche durfte da z.B. fast eine halbe Milliarde Euro Strafe zahlen. Da bekommt man ungefähr eine Ahnung, was die Firmen daran verdienen. Aber auch Firmen wie BASF, Hoechst, Bayer oder Ajinomoto durften schon ihre Strafen bezahlen. Und diese Gewinne kommen zustande, obwohl diese Mittel eigentlich nichts bringen. Übrigens sind sogar in Cola Vitamine. Diese haben zwar auch keine positiven Auswirkungen auf den Körper, machen aber die Cola länger haltbar. Hier kann man sich einfach merken: Wenn Sie sich ausgewogen ernähren (auch mal Obst oder Gemüse), bekommen Sie genug Vitamine.

Auf die Werbung zu hören, ist auch meistens falsch. Je lauter die Werbung schreit, desto weniger ist da meist drin. Cornflakes galten dank der Werbung lange Zeit als gesundes Frühstück. *Heute gibt es Untersuchungen, ob die Packung nicht mehr*

Vitamine enthält. Aber auch das alte Graubrot, welches meine Mutter mir abends immer andrehen wollte, enthält meist nur Weißmehl und ist genau so (un)gesund wie ein Toast. Wichtige Stoffe wie Vitamine, Mineralstoffe, Spurenelemente, Ballaststoffe und Proteine wurden hier dem Korn entfernt.

Wir sind **„Allesfresser"** und deshalb ist natürlich eine einseitige Ernährung ungesund. Meine Mutter sagte immer: „Ein bisschen von allem!" und Werner Bartens schreibt dazu in seinem Buch „Glücksmedizin":

> *„Tendenziell gilt: Es kann nicht schaden, sich nicht zu fett, nicht zu süß und nicht zu üppig zu ernähren – und mehr Grünzeug als tote Tiere essen."*

Wenn Sie sich oder andere gut ernähren möchten, so essen Sie also von allem ein wenig. Dann bekommen Sie nicht zu viel von dem selben Gifte ab. Essen Sie mehrmals täglich und beachten Sie Folgendes dabei:

- Essen Sie täglich Obst. (An apple a day keeps the doctor away.)
- Essen Sie regelmäßig Fisch und/oder Fleisch.
- Kaufen Sie so oft wie möglich bei Ihrem Bauern des Vertrauens ein.
- Kaufen Sie überwiegend Produkte, die es auch schon vor 1862 gab.
- Trinken Sie ausreichend Wasser (also mehr als bisher).
- Essen Sie regelmäßig und genießen Sie es in Ruhe.

Übrigens leben statistisch Menschen mit leichtem bis mittleren Übergewicht am längsten und sind im Durchschnitt gesünder.

2.2.7   Fazit

> *„Was ist die Wahrheit?" - „Ganz einfach", sagt die Laborratte, „die Welt ist ein weißer Raum und Menschen in weißen Kitteln kann man so dressieren, das sie einem etwas zu essen geben, wenn man bestimmte Knöpfe drückt."*

Menschen wissen eigentlich von Natur aus, was ihnen gut tut. Säuglinge weisen z.B. die Brust der Mutter zurück, wenn diese zu viel Alkohol getrunken hat. Sie merken, dass es ihnen schaden würde. Bereits in den 20er Jahren ließ die kanadische Kinderärztin Clara Davis Kleinkinder wählen, was sie essen und trinken wollen. Die Kinder wählten das aus, was für sie gesund war und glichen sogar Defizite aus oder reagierten mit abgeändertem Essverhalten bei Krankheiten.

Wie bereits geschrieben ist allein schon die Verpackungen schädlich. Was soll man also tun? *Ein deutscher Komiker sagte einmal, dass die beste Verpackung für Milch eine Kuh sei. Da kann man die Verpackung gleich mitessen. Doch was macht der Vegetarier?*

Aber auch die Lebensmittel selbst können teilweise mehr anrichten als sie nützen. Doch anscheinend sollte man erst ein Bio-Chemie-Studium abgeschlossen haben und über viel Geld verfügen, damit ein gesundes Leben möglich ist. Reinhold Messner hat sich z.B. eine eigene Burg mit umliegenden Bauernhöfen und Häusern gekauft. Die Menschen, die dort leben, versorgen sich selbst und leben mit großer Wahrscheinlichkeit gesünder als der durchschnittliche Supermarkt-Einkäufer. Gerade die einkommensarme Schicht scheint sich sehr ungesund zu ernähren und neigt eher zur Fettleibigkeit. Der Bremer Sozialwissenschaftler Friedrich Schrob forderte deshalb: „Keine Happy Meals mehr für die Unterschicht!"

Aufklärung und Ernährungslehre in der Schule wären hier sehr sinnvoll. Auch eine klare und genaue Beschreibung der Lebensmittelinhalte könnte da sinnvoll sein. Wenn es dann noch eine „objektive" Überwachung der Lebensmittel gäbe, wäre ich doch schon ein bisschen zufriedener.

Doch nutzt eine geänderte Ernährung etwas?

Studien in Kanada bewiesen, dass über die Hälfte von hyperaktiven Vorschulkindern eine Verhaltensverbesserung durch eine Ernährung frei von Farbstoffen, Glutamaten und Konservierungsstoffen, zeigte.

Das Carl Pfeiffer Treatment Center in Naperville (Illinois) behandelt erfolgreich verhaltensauffällige Kinder mit Vitaminen und Mineralien.

2002 wurde bei Gefängnisinsassen in Großbritannien das friedliche Verhalten um 37% durch Vitamine, Mineralstoffen und Fettsäuren gesteigert.

Von den hyperaktiven Kindern, die an der Universität Melbourne behandelt wurden, zeigten 75% eine Verhaltensverbesserung durch eine farbstofffreie Diät.

Prof. Joseph Egger stellte in München bei 62 von 76 hyperaktiven Kindern eine Verhaltensverbesserung durch eine andere Ernährung (ohne Fast-, Tüten- und Dosenfutter) fest. Bei kindlichen Migränepatienten stellte sich bei 93% eine Verbesserung ein. Auch die Anzahl von Asthmaanfällen und juckenden Ekzemen ging zurück. Also denken Sie daran:

„Du bist eben, was Du isst!"

2.3 Vorurteile

„Als deutscher Tourist im Ausland steht man vor der Frage, ob man sich anständig benehmen muss oder ob schon deutsche Touristen da gewesen sind." (Kurt Tucholsky)

Der Mensch hat nun mal **Vor-urteile**. Dies wurde von der Natur so eingerichtet. In der Steppe war das Vorurteil, dass alle Schlangen giftig und gefährlich sind, sehr sinnvoll. Dieses Programm läuft auch erst einmal ab, wenn wir eine Blindschleiche sehen. Wir schrecken automatisch zurück. Doch die meisten Menschen wissen, Blindschleichen sind nicht gefährlich. Sie sind eigentlich auch gar keine Schlangen (*sondern Eidechsen ohne Beine*). Deshalb kann der Mensch die Blindschleiche aufnehmen und streicheln. Er kann also seine Vorurteile überwinden. Vera Birkenbihl unterscheidet so schön zwischen Gehirnbesitzer und Gehirnbenutzer. Dies ist nicht nur beim Lernen, sondern auch beim Thema Vorurteil wichtig.

Trotzdem haben manche Vorurteile einen gewissen Wahrheitsgehalt, andere sind sehr weit von einer objektiven Wahrheit (*wenn es die gibt*) entfernt. Es gibt immer so viele Sichtweisen, wie es Menschen gibt, die das Thema betrachten. Jeder wertet aufgrund seiner Erlebnisse und seiner Vorerfahrungen. Oft kommt es vor, dass wir die Sichtweise des anderen nicht nachvollziehen können. Ich habe mittlerweile aufgegeben, alles verstehen zu wollen. Ich arbeite mit Jugendlichen, die teilweise zweimal samstags einen Raum aufräumen müssen (Arbeitsauflage vom Jugendgericht). Ansonsten drohen ihnen bis zu vier Wochen Beugearrest und danach müssen sie immer noch die Arbeitsauflage erfüllen. Ich kann nicht nachvollziehen, warum es Jugendliche gibt, die dann nicht erscheinen. Trotzdem gibt es eine Menge davon. Doch wer weiß schon, was das „Richtige" ist?

2.3.1   Die haben doch alle ein Messer

„Es gibt nun mal Unterschiede. Was dem Hindu heilig ist, ist dem Bayer Wurst." (Marian Rohde)

91% der in Deutschland lebenden Menschen haben die deutsche Staatsbürgerschaft. 2010 lebten laut Statistischem Bundesamt rund 7,2 Millionen Ausländer in Deutschland. Die größte Gruppe stellen mit 1.629.480 Personen türkische Staatsangehörige. Aus der EU leben hier rund 2,4 Millionen Menschen. Pro Jahr erwerben rund 100.000 Menschen die deutsche Staatsbürgerschaft (2008: 94.470 Personen / 2006: 124.566 Personen). Seit 1990 sind allein 2,3 Millionen Aussiedler eingewandert, die per Status sofort die deutsche Staatsangehörigkeit erhielten. Insgesamt ergibt sich ein Gesamtanteil der Bevölkerung mit Migrationshintergrund von etwa 18,7% (15,4 Millionen).

Es ist heute sehr schwierig, zu wissen, was überhaupt die richtige Bezeichnung für einen Menschen mit anderer Nationalität ist. Gibt es überhaupt noch Ausländer oder sind sie alle Migranten. Auch die Begriffe „schwarzfahren", „etwas türken" oder „Zigeuner" sind nicht ganz „koscher". Allein dieses Kapitel zu schreiben, fiel mir als Deutscher nicht so ganz leicht. Da hat es Kaya Yanar natürlich einfacher. Er kann auch ohne negative Konsequenzen Witze über andere Nationalitäten machen.

Ausländer und Waffen – eine Koexistenz oder eine Symbiose. Es scheint ja ein beliebtes Vorurteil zu sein, welches bei rechten Jugendlichen und auch im Fernsehen immer wieder gerne genommen wird. *Obwohl?! Wenn ich recht überlege. Meine Berührungspunkte mit Türken zur Zeit: mein Frisör, mein Döner-Verkäufer, mein Messerschleifservice, meine Trainingspartner im Waffenkampf, meine verurteilten Straftäter in Anti-Gewalt-Maßnahmen. Alle haben irgendwas mit Messern zu tun.* Auch heißt es ja, dass die Ausländer die ganzen Waffen mit in unser Land bringen würden. Also müssten ja die Straftaten z.B. mit Schusswaffen zugenommen haben.

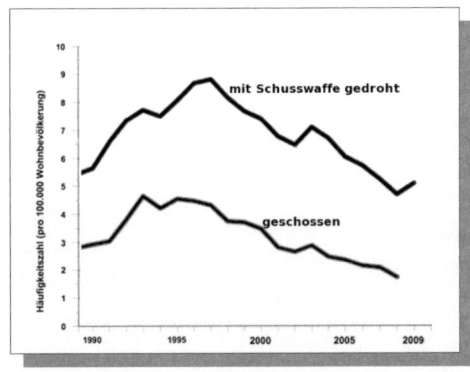

Die Straftaten mit Schusswaffen sinken anscheinend die letzten 15 Jahre. Statistisch gesehen leben aber heute mehr Personen mit Migrationshintergrund in Deutschland als noch vor 15 Jahren. Also gibt es keinen klaren Zusammenhang zwischen Schusswaffen und Ausländern. *Eher im Gegenteil:* **Je mehr Ausländer, desto weniger Schusswaffen.**

Trotzdem wirken Ausländer auf viele Deutsche bedrohlich. Woran liegt das? Viele ausländische Männer *(teilweise auch Frauen)* kennen wir mit dunklen Bärten. Verschiedene wissenschaftliche Untersuchungen zeigten, dass glattrasierte Männer in der westlichen Welt ehrlicher und freundlicher wirken.

Auch das Vorurteil, dass Ausländer den Drogen- und Sexmarkt kontrollieren würden, hält sich. *Ist es wirklich so oder ist es nur, weil sich die Frage „Mit alles und ein bisschen scharf?" auch direkt auf das Rotlicht-Milieu übertragen lässt?* „Deutschland schafft sich ab" ist tatsächlich ein Bestseller geworden. Dort wird immer wieder auf das Thema Ausländer eingegangen. Aber was ist überhaupt ein Ausländer? Menschen mit dunkler Haut und deutschem Pass werden von rechten Jugendlichen verprügelt – österreichische „Weiße" gehören zu ihren Kameraden. Es gibt Menschen in der dritten Generation in Deutschland, die immer noch einen nicht-deutschen Pass haben. *Meine türkischen Nachbarn haben einen Vorgarten, der könnte deutscher nicht sein. Da fehlen nur noch die Gartenzwerge. Bei mir als waschechten Deutschen wird der „gut gepflegte" Rasen gerne mal als Wiese bezeichnet.* Es gibt hier aber auch Menschen, die in einem anderen Land aufgewachsen sind, kein Deutsch sprechen, *den Vorgarten nicht pflegen* und trotzdem die deutsche Staatsbürgerschaft besitzen. Was sagen also überhaupt diese Statistiken, in welchen Deutsche und Ausländer verglichen werden? Die meisten behandeln schließlich nur die Nationalität in ihrem Pass *und was sagt dies schon aus?*

Ralf-Erik Posselt (Gewalt Akademie Villigst) erzählte einmal, dass die Polizei aufgrund von Strafermittlung südländische Menschen suchte. Dies wurde im Radio durchgesagt. Er und Freunde aus Bayern, die gerade zu Besuch waren, fuhren zur nächsten Polizeistation. Dort stellten sich die „südländischen Menschen", um zu zeigen, dass sie nichts mit der Sache zu tun hatten. Die Polizei zeigte sich sehr verwundert. Es gibt also nicht nur unterschiedliche Meinungen, was ein Ausländer ist, sondern auch was ein südländischer Typ ist.

Doch betrachten wir mal nur die Nationalität bei den Straftaten:

2010 gab es 1.680.991 deutsche Verdächtige (deutsche Bevölkerung 74,6 Mill.). **2,25%** der Deutschen sind einer Straftat verdächtig.

Es gab 471.812 nichtdeutsche Verdächtige (nichtdeutsche Bevölkerung 7,2 Mill.). **6,55%** der Nichtdeutschen sind nach dieser Rechnung tatverdächtig.

Anscheinend sind also ausländische Menschen öfter straffällig als Deutsche.

<u>Doch diese Rechnung ist falsch!!!</u>

Ich wiederhole: Diese Rechnung ist **falsch**, auch wenn es die Rechten gerne so sehen würden. Warum ist diese Rechnung falsch?

1. Es befinden sich **unerlaubt in Deutschland aufhaltende Menschen,** die ebenfalls Straftaten begehen. Im Jahr 2010 wurden davon 46.487 einer Straftat verdächtigt. Ihr Anteil an allen nichtdeutschen Tatverdächtigen betrug 9,9%. Von der Gesamtzahl aller Tatverdächtigen hielten sich 2,2% illegal in Deutschland auf.

2. Es befinden sich in Deutschland auch **ausländische Menschen, die hier nicht gemeldet sind,** z.B. Touristen, Besucher, Durchreisende, Geschäftsleute, Studenten, Sprachschüler, usw. Und davon gibt es Unzählige. *Laufen Sie z.B. mal durch Heidelberg.*

3. Das Kriminologische Forschungsinstitut Niedersachsen (KFN) fand heraus, dass das **Anzeigeverhalten** sehr unterschiedlich ist. In 19,5% der Körperverletzungen zeigt ein „deutsches Opfer" einen „deutschen Täter" an. In 29,3% der Fälle wird ein „Migrant-Täter" vom „deutschen Opfer" angezeigt. „Migranten-Opfer" zeigen nur in 18,9% der Fälle „deutsche Täter" und in 21,2% der Fälle „Migranten-Täter" an.

4. Die **Verurteilungsquote** von ausländischen Tatverdächtigen ist im Durchschnitt geringer als die von deutschen Tatverdächtigen. Die meisten Statistiken beruhen auf der Anzahl der Tatverdächtigen. Wenn die Statistiken auf der Anzahl verurteilter Menschen beruhen würden, wäre das Bild schon anders.

5. Körperverletzungen haben sehr oft etwas mit **übersteigerter Männlichkeit** zu tun. Das KFN stellte bei 25% der Migranten-Jugend einen fest verankerten Männlichkeitswahn fest. Bei deutschen Jugendlichen sind es ca. 5%.

6. Es gibt **Ausländerstraftaten**, die können Deutsche gar nicht begehen. Nur Ausländer können z.B. gegen das Asylrecht oder das Aufenthaltsgesetz verstoßen. 2010 waren es insgesamt 233.563 erfasste Fälle vom BKA.

7. Menschen mit Migrationshintergrund leben öfter in **Großstädten**, sind **jünger**, häufiger **männlich** und kommen oftmals aus **sozialen Schichten** mit niedrigerem Einkommen und geringerer Bildung. Auch sind sie mehr auf **Förderschulen** vertreten. Diese Punkte führen nach kriminalistischen Untersuchungen eher zu Straftaten. Die Nationalität ist hier unerheblich.

Untersuchungen zeigen, wenn die Grundbedingungen gleich sind (Finanzen, Schulbildung, Stadtteil usw.), ist der Inhalt des Passes völlig unerheblich. Dann ist die prozentuale Verteilung bei Straftaten identisch. Es hängt also nicht von der Herkunft, der Religion, der Nationalität, der Haut-, Augen- oder Haarfarbe ab, wie wahrscheinlich es ist, dass derjenige eine Straftat begeht.

> *„Für dich sind echte Menschen nur die Menschen, die so denken und*
> *so aussehn wie du. Doch folge nur den Spuren eines Fremden,*
> *dann verstehst du, und du lernst noch was dazu."*
> *(Lutz Riedel: „Das Farbenspiel des Winds" aus Disneys Pocahontas)*

2.3.2   Die meisten Straftäter sind jugendlich

> *„Ich kann nicht alle Kinder der ganzen Welt retten, ich kann aber die*
> *ganze Welt eines Kindes retten."*

Jede Gesellschaft bekommt nun mal die Jugend, die sie verdient. Schlimmer noch: Die Gesellschaft bekommt die Jugendlichen, die sie selbst prägen, erziehen und somit erschaffen. Gewalttätige Gesellschaften erschaffen gewalttätige Jugendliche. Aber sind „unsere" Jugendlichen wirklich nur Straftäter?

Wir machen mal ein einfaches Rechenspiel: 2010 gab es ca. 16 Mill. Menschen unter 20 Jahre in Deutschland, darunter waren ca. 550.000 Tatverdächtige, also **3,43%.** Es gab ca. 66 Mill. Erwachsene über 20 Jahre, darunter waren ca. 1.600.000 Tatverdächtige, also **2,42%.**

BKA-Statistik 2010
3,43% der jungen Menschen sind tatverdächtig.
2,42% der Erwachsenen sind tatverdächtig.

Damit sind junge Menschen durchschnittlich öfter straffällig als Ältere. Jugendkriminalität ist aber überwiegend eine nichtgeplante und unprofessionelle Bagatellkriminalität. Das ist einer der Gründe für die leichte und häufige Überführung junger Menschen nach dem Motto:

> *„Das Gesetz ist ein Netz, mit Maschen – durch die weiten schlüpfen*
> *die Gescheiten, und in den engen bleiben die Dummen hängen."*
> *(Justus Frey)*

Tatverdächtig heißt auch noch nicht, dass er diese Tat getan hat. Die Polizei untersucht erst noch den Fall. Dann kann bei genug Beweisen die Staatsanwaltschaft Anklage erheben und der Richter muss diese Person noch verurteilen. Grob über den Daumen gesehen werden in Deutschland jährlich 5.000.000 Straftaten begangen und es gibt 2.000.000 Tatverdächtige, 650.000 werden angeklagt und davon werden 500.000 (also 25% der Tatverdächtigen) verurteilt. In ca. 9% handelt es sich um Körperverletzungsdelikte. Den größten Bereich nehmen Eigentumsdelikte ein, z.B. bei Jugendlichen der Ladendiebstahl bei H&M. Wenn ich das also zusammenrechne:

550.000 junge Tatverdächtige (unter 20 Jahre)
9% Körperverletzungsdelikte
<u>davon nur 25% verurteilt</u>
12.375 junge Menschen

Es gibt also rein mathematisch um die 12.375 junge Menschen jährlich, denen eine Körperverletzung nachgewiesen wurde. Das sind 0,08% der jungen Menschen. Bei 10.000 jungen Menschen sind es also acht, die schon wegen Körperverletzung verurteilt wurden. Auf einen Körperverletzer kommen also 1250 Nicht-Körperverletzer. Das hört sich doch gar nicht so schlimm an.

Es gibt einen großen Anteil von Jugendlichen, die nie angezeigt wurden und es gibt sogenannte „Intensivtäter". Leider gibt es keine einheitliche Definition für die Begriffe „Intensivtäter" oder „Mehrfachtäter". Die Staatsanwaltschaft Berlin bezeichnet etwa 550 Personen als Intensivtäter (mehr als fünf Straftaten). Der Großteil (75%) davon ist unter 21 Jahre alt. Prof. Claudius Ohder untersuchte davon 264 Intensivtäter und fand heraus, dass diese um die 7000 Straftaten begangen haben.

Schaut man sich Statistiken an, so sieht man, dass der Großteil der Jugendlichen straffrei ist oder nur wenige Bagatelldelikte begeht. Ein geringer Teil der Jugendlichen, die so genannten Intensivstraftäter begehen die Mehrzahl der Straftaten und „versauen" damit den gesamten Ruf der Jugend.

Gewalt und Jugend werden oft in einem Atemzug genannt. In jeder Gesellschaft und zu jeder Zeit war die Jugend schwierig. Nach der Gehirnforschung wird in der Pubertät der Frontlappen des Großhirns „aufgebrochen" und wieder neu zusammengesetzt. Dieser ist für die Hemmungen und das schlechte Gewissen zuständig. Erst mit dem 25. Lebensjahr ist die Baustelle abgeschlossen. Bis dahin begeht der Mensch öfter als sonst in seinem Leben, Taten, die logisch nicht nachvollziehbar sind. Das kann ich auch aus eigner Erfahrung schreiben. Das Jugendalter war schon immer hart und so wird es auch in der Zukunft sein. Dabei wird dieses Fehlverhalten oft missverstanden und fehlinterpretiert. In Kapitel 1.3.4 (Die früheren Jugenden) wurden Zitate von der schlimmen Jugend gezeigt, die teilweise über 3.000 Jahre alt sind. *Und jedes Mal wurde die Jugend schlimmer. Mit jeder Generation wurde die Jugend fauler, dümmer und aggressiver. Dann können Sie ja ungefähr ahnen, wie schlimm unsere Jugend heute ist. Dagegen sind Hannibal Lector, Sauron, Wario, Tingeltangel Bob, Norman Bates, Freddy Krüger und Senator Palpatine harmlose Waisenknaben.*

Junge Menschen begehen also mehr Straftaten als Erwachsene. Doch fast immer sind sie die kleinen Fische und nicht die großen Haie. Wenn es aber um die Deliktsschwere gehen würde, müsste die Erwachsenenkriminalität im Mittelpunkt des Interesses stehen. Erwachsene sind die Täter von organisierter Kriminalität, von Wirtschafts- und Umweltkriminalität, Menschenhandel, Korruption usw. Allein die Wirtschaftskriminalität machte 2006 z.B. rund 53% (4,3 Milliarden Euro) des finanziellen Schadens aus, dabei waren es gerade mal 2% aller Eigentumsdelikte. *Es ist wie bei der Steuerhinterziehung. Je größer die Summe ist, desto legaler wird das Ganze.*

2.3.3   Nur Männer sind gewalttätig

Das Essen braucht sieben Sek. vom Mund in den Magen.
Der Oberschenkelknochen ist so hart wie Beton.
Ein Penis ist dreimal so lang wie ein Daumen.
Das Herz einer Frau schlägt schneller als das eines Mannes.
Wir beanspruchen 300 Muskeln um beim Stehen das Gleichgewicht zu halten.
Eine Frau hat den Text bereits durchgelesen - ein Mann schaut immer noch auf seinen Daumen!

Männer sind anders, Frauen auch. Gibt es wirklich so viele Unterschiede zwischen Männern und Frauen? *Beim Essen z.B. denken Frauen ans Ansetzen und Männer ans Absetzen.* Beim Thema Kommunikation gibt es auch Unterschiede. Frauen fangen statistisch früher an zu reden und hören später wieder auf, da sie älter werden als Männer. *Auch reden sie mehr. Oder wie viele Frauen kennen Sie,* die lange ruhig sitzen und z.B. angeln oder jagen. Auch Schachgroßmeisterinnen sind recht selten. Übrigens kommt auch das Wort „Kaufrausch" nicht ohne das Wort „Frau" aus. Liegt der Unterschied an den Hormonen? Das männliche Sexualhormon Testosteron wirkt bereits in geringen Mengen. Es ist bei Männern in einer Konzentration von sechs Milliardstel Gramm pro Milliliter Blut vorhanden. Das entspricht einen Gramm Testosteron auf 166.600 Liter. Frauen haben sogar nur ein Zehntel davon.

Gentechnisch gibt es auch nur einen kleinen Unterschied, wie beim „Y" und dem „X". Beim Y fehlt ein kleiner Strich und schon wäre es ein X. Bei den Chromosomen verhält es sich leider nicht anders. Die Frau hat zwei X-Chromosome und der Mann ein X- und ein abgebrochenes X-Chromosom, also ein X und ein Y. Dem Y fehlen einige Informationen und dies unterscheidet dann Mann und Frau. Der Mann hat einfach weniger Informationen, *wie immer.* Ist bei der Frau etwas am X-Chromosom defekt, kann es durch Informationen vom anderen X-Chromosom ersetzt werden. Beim Mann geht es leider nicht. Deshalb sind Männer statistisch gesehen öfter rot-grün-blind, autistisch, kommunikationsgestört oder ADHS-betroffen. Auch beim Gehirn gibt es Unterschiede. Das männliche ist größer und hat allein in der Großhirnrinde 23 Milliarden Nervenzellen, die weibliche Großhirnrinde 19 Milliarden. Trotzdem gibt es in der Intelligenz keine Unterschiede. Also haben die Frauen die effektiveren Gehirne oder anders gesagt, hat bisher die Wissenschaft noch nicht herausgefunden, wofür die Männer diese vier Milliarden Nervenzellen eigentlich nutzen.

In **unserer Gesellschaft** gibt es auch immer noch typisch männlich und typisch weiblich. Nicht umsonst werden Bücher wie „Warum Frauen nicht einparken und Männer nicht zuhören können" zu Bestsellern und ein Berliner füllt mit flachen Witzen ganze Stadien. Es gibt auch weiterhin typische Männerberufe, die ja dann auch in Strip-Shows oder bei Junggesellen-Abschieden gerne genommen werden: Polizist oder Soldat (Eine Uniform zeigt Macht und Autorität), Cowboy oder Biker (Das Unbeugsame und ungezähmte Wilde) oder Bauarbeiter (Stärke und Körperkraft). Bei Frauen werden in diesem Berufszweig immer noch gerne Sklavinnen (Unterwürfigkeit) oder Krankenschwestern (Hilfsbereitschaft) genommen. Und das, obwohl ein Krankenpfleger-Kollege von mir (*Er möchte nicht, dass sein Name genannt wird.*) beschwört, dass alle Kolleginnen hässlich und unerotisch sind, sobald sie ihr Examen bestanden haben. Aber geben Sie mal Krankenschwester bei „Google" ein und schauen sich die Bilder an.

Schön sind auch die Stereotypen in Kinderhörspielen wie **TKKG**. Der „richtige" Mann heißt hier anfangs Tarzan, nachher Tim (*Das finde ich eigentlich recht sympathisch*). Er kann alles, ist immer ehrlich, ist sportlich und besiegt als 13jähriger ganze Rockergruppen mit Judo. Das Mädchen Gaby ist nett, hübsch und tierlieb. Sie schreit immer direkt um Hilfe, damit ihr Retter Tim kommt. Zur Unterstützung sind da noch der Nerd Karl und der lustige Fettsack Klößchen. *Ich mag da mehr die Dreifaltigkeit der Detektive: Justus, Peter und Bob.*

Die **drei K der Frau** (Kirche, Kinder, Küche) sind mittlerweile genau so veraltet und hinrissig wie die KKK der weißen Gespenst-Ritter mit ihren brennenden Kreuzen. Das K für Kirche wurde mittlerweile durch Karriere ersetzt. Frauen haben den Riesenvorteil, dass sie sich sehr flexibel in ihren Vorbildern zeigen können. Sie brauchen nicht unbedingt gleichgeschlechtliche, also weibliche Vorbilder. Mädchen haben genau so wie einige Jungs männliche Fußballspieler, Formel-1-Fahrer oder Rockstars als Identifikationsfigur an der Wand hängen. Männer sind da *einfacher*: andere Männer zur Identifikation an der Wand und Frauenposter, um cool zu sein und zu zeigen, dass man nicht schwul ist. Noch in den 60er Jahren wurden die Frauen bemitleidet und gerade das katholische Mädchen vom Lande war der Bildungsverlierer. Einige Jahrzehnte mit Emanzipation, Förderungen und Selbstbehauptungstraining weiter sieht es nun schon anders aus.

Im **Leistungsbereich** sind Mädchen heute besser. Die Unterschiede bezüglich der Schulnoten in der Grundschule sind noch nicht so gravierend. Gravierende Unterschiede bestehen aber schon im Freizeitverhalten. Das Angebot ist vielfältig bei den Mädchen und oft sehr eintönig und eingeschränkt bei den Jungen. Der Bereich elektronische Medien ist bei Jungen z.B. ein extrem hoher Zeitfresser. In der Pubertät wird dies auch in der Schule ersichtlich. Die Mädchen haben da bereits bessere Noten und eine bessere Körperwahrnehmung. *Sie werden ja auch alle vier Wochen an ihre Körperlichkeit erinnert.* Bei 12-jährigen möchten bereits 80% der Mädchen Karriere und Familie unter einen Hut bringen. Da sie sich eher unterschätzen, sind sie bereit zu lernen und zu streben, um ihre Ziele zu erreichen. Bei den gleichaltrigen Jungen denken nur 40% an eine Karriere. Die meisten Jungen möchten trotzdem viel Geld haben. Sie haben aber oft ein unrealistisches Selbstbild, eine schlechte Körperwahrnehmung und überschätzen sich masslos. Wenn etwas nicht klappt, sind die anderen schuld. *Deshalb sind wohl auch noch immer die meisten Manager männlich.* Da sie davon überzeugt sind, die Schule ohne viel Lernaufwand gut zu durchlaufen, sind ihre Anstrengungen eher mäßig.

Auch sind in den werdenden Männergruppen „Streber" nicht gern gesehen. Hausaufgaben zu machen und zu lernen, um in der Schule gute Noten zu haben, passt nicht zu einem echten Mann. Dies alles spiegelt sich natürlich in den Abschlüssen wieder. Abitur und FOR (Realschulabschluss) werden mittlerweile von fast 60% junger Frauen erreicht mit im Durchschnitt einer Note besser. Förderschulen (oder Sonderschulen) sind oft in männlicher Hand und auch Personen ohne schulischem Abschluss sind zu fast 70% männlich. In Deutschland bleiben Jungs doppelt so oft sitzen wie Mädchen, fliegen doppelt so oft vom Gymnasium und landen doppelt so oft auf Förderschulen.

> *„**Wernthal:** Was bieten Sie mir für Liddy? Sie ist ausgezeichnet schön.*
> ***Teufel:** Für ihre Schönheit gebe ich 2000 Reichstaler in Münzen.*
> ***Wernthal:** Sie hat Verstand!*
> ***Teufel:** Dafür ziehe ich fünf Groschen zwei Pfennige ab, denn der ist bei einem Mädchen ein Fehler ..."*
> *(Christian D. Grabbe: Scherz, Satire, Ironie und tiefere Bedeutung)*

„Jugendgewalt ist Jungengewalt" ist ein Satz aus der Sozialarbeit mit gewaltbereiten Jugendlichen. Und hier sind sich mal ausnahmsweise alle Statistiken einig, die ich gefunden habe. Männer begehen mehr Straftaten als Frauen, besonders bei Gewaltdelikten. Neun von zehn Körperverletzern sind laut Statistiken männlich. Insgesamt gelten Jungen als aggressiver und scheinen sich mehr zu prügeln als Mädchen. Jedoch sollte nicht außer Acht gelassen werden, dass die weibliche körperliche Gewalt zunimmt. Männer sind körperlich meist stärker als Frauen und aufgrund des höheren Testosterongehaltes im Körper wohl auch aggressiver. Laut Prof. Dr. Sebastian Scheerer neigen männliche Personen deshalb eher dazu, Aggressionen körperlich auszuleben.

Nach offiziellen Zahlen von Polizei, Gesundheitsdiensten, WHO u.a. werden

weltweit 70 - 90% der Gewalt von Männern ausgeübt (fast 100% bei sexueller Gewalt). Laut Statistiken der letzten Jahre wurden die Gewalttaten zwischen 84% und 87% von Männern ausgeübt. Nach einer Studie in Kanada handelt es sich bei Gewalttätern in 90% um eine Einzelperson und „er" ist in über 75% männlich. Von den 2.152.803 Tatverdächtigen 2010 in Deutschland waren 74,58% männlich (1.605.561).

2.3.4   Gewalttäter sind selbstbewusst

*„Wenn es einen Glauben gibt, der Berge versetzen kann, so ist es der
Glaube an die eigene Kraft." (Marie von Ebner-Eschenbach)*

In diesem Kapitel gehe ich mal nur auf die jungen Männer ein, weil diese die
größte Gruppe der Gewalttäter stellen (siehe vorheriges Kapitel). Mit Gewalttäter
sind Menschen gemeint, die regelmäßig Gewaltstraftaten begehen.

Junge Männer fühlen sich gerne wie Superhelden. Nur sind sie nicht super und
erst recht keine Helden. Also geraten die „kleinen Helden in Not" und nach dem
Motto *„Fight now – think later"* geht es dann auf Partys. Da steht man(n)
breitbeinig rum, markiert lautstark sein Revier und schaut, was so an Weibchen
herumläuft. Das machen Tiere in der freien Wildbahn, genauso wie wir Menschen
in der Kneipe. Gerade unter Alkohol- oder Drogeneinfluss sind Menschen sehr
nah an ihren tierischen Trieben. *Während ich diese Worte schreibe, befinde ich
mich an einem Herbst-Wochenende auf Norderney. Ich wusste vorher nicht, dass
es eine beliebte Insel für Kegelclubs ist. Hier kann ich nun hautnah miterleben,
wie sich Menschen ab 14.00 Uhr enthemmt und triebgesteuert verhalten.*

Prof. Frans de Waal schreibt in seinem Buch „Der Affe in uns", dass männliche
Primaten nicht schwach und verwundbar wirken möchten. Sie möchten stark
wirken, weil sonst ihre Stellung in der Gruppe gefährdet ist. Auch in unserer
heutigen Gesellschaft gehen Männer weniger zum Arzt und sind verschwiegener
in Selbsthilfegruppen. Je jünger die Männer sind, desto mehr probieren sie aus,
wie ihre Stellung in der Gruppe ist. Männer neigen auch eher dazu sich zu
überschätzen (siehe Kapitel 2.3.3 Nur Männer sind gewalttätig).

Sich **selbst bewusst** zu sein, bedeutet nicht, der Stärkste zu sein. Es bedeutet, dass
man sich selbst kennt. Dass man weiß, was man kann und was nicht. Wenn man
seine Fähigkeiten und seine Schwächen kennt, ist man sich selbst bewusst.

Breit zu stehen, deutet <u>nicht</u> auf Selbst-bewusst-sein hin (siehe Kapitel 1.2.4
Körper – Macht – Gewalt). Es soll eher zeigen, dass man „viel" zwischen den
Beinen hängen hat. Diese breitbeinige Person nimmt mehr Platz ein, als sie
benötigt. Hüftbreit zu stehen, ist der stabilste Stand. Weniger breit zu stehen,
bedeutet, dass man sich unwohl und nicht selbst-bewusst fühlt. Breiter zu stehen,
bedeutet sich aufzublasen und extra stark zu tun.

Gewalttäter möchten an dieser Gesellschaft auch teilhaben und erfolgreich sein. Sie beschreiben sich als durchsetzungsstark und dominant, also mit positiven Eigenschaften, die für unsere Gesellschaft oft von großer Wichtigkeit sind. Sie möchten Anerkennung und Wohlstand, was sich durch das Besitzen statushoher Boss-Produkte, Rolex-Uhren oder schnellen Autos ausdrückt. US-amerikanische und auch deutsche Gangster-Rapper beweisen Kindern und Jugendlichen täglich auf VIVA, MTV und im Internet, dass aggressives Auftreten zum Erfolg führt. Sie zeigen sich beschmückt mit Gold und unzähligen hübschen Frauen in teuren Limousinen, riesigen Villen mit Schwimmbädern oder auf großen Yachten. Viele dieser Musiker werden als Idole verehrt und es wird als „cool" (engl. kühl, gelassen; in diesem Zusammenhang: toll) angesehen, wenn diese mal wieder wegen Körperverletzung, Schießereien, Drogen- oder Waffenbesitz vor Gericht stehen. Ein deutsch-kurdischer Rapper beging in einem Musikvideo einen Überfall auf einen Geldtransporter. Dieses Verbrechen übte er später fast detailgetreu so aus.

Das **Ideal** des Gewalttäters ist hart, unbeugsam, „cool" und gnadenlos. Die Gewalttäter zeigen sich gerne als harte Kämpfer, unbeugsame Rächer oder „coole" Superhelden. Sie sind die Menschen, vor „denen die Leute Respekt haben und auf die die Frauen fliegen." Vorbilder gibt es genug, besonders in den Massenmedien. Superman, Batman, Bruce Lee, Zorro, Rambo, James Bond und sogar Mickey Maus oder Asterix lösen ihre Probleme mit Gewalt. Sie meistern alle Schwierigkeiten, egal wie groß diese im ersten Moment erscheinen. Dies ist ein Bild, welches besonders Jugendliche gerne von sich hätten. In diesem Sinne versuchen sich die Gewalttäter als „negative Elite" zu beschreiben.

Das **reale Selbst** ist dagegen leicht kränkbar, wenig selbstbewusst und oft als Versager „abgestempelt". Wenn der Gewalttäter seine Schwächen aufzählen soll, ergeben sich meist folgende Punkte:

- Er trinkt zu viel Alkohol.
- Er kifft oft.
- Er wird leicht aggressiv.
- Er hat Probleme mit der Familie.
- Er lässt sich stark von seiner Gruppe beeinflussen.
- Er kommt schlecht in der Schule / Berufswelt zurecht.
- Er würde seinen Kinder gerne mehr bieten, kann es aber nicht.

Ihre **Stärken** können die Gewalttäter in den wenigsten Fällen aufzählen. Oft wird erwähnt, dass sich die Freunde auf ihn verlassen können. Während der Befragungen sind gerade junge Männer meist nicht souverän, sondern wippen mit den Füssen, spielen mit ihren Hände, schauen dem Fragesteller nicht ins Gesicht oder verstecken sich hinter ihrem Rollkragen und ihren Mützen. Sie sind leicht zu verunsichern und geben auch zu, dass sie teilweise am liebsten zuschlagen

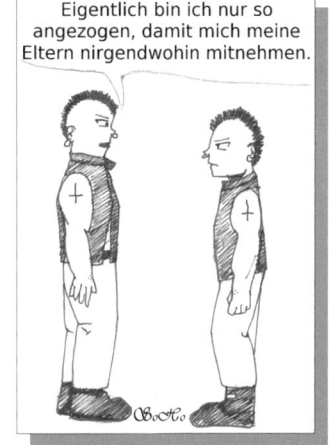

würden. Hier zeigt sich, dass die Jugendlichen wenig Selbstbewusstsein haben und weit von ihrem Idealselbst entfernt sind.

Aggressive Kinder und Jugendliche leben mit der Alltagslüge der unermesslichen Beliebtheit bei ihren Mitschülern. Oft halten sich die Gewalttäter für beliebt, trotz oder vielleicht auch gerade wegen ihrer Gewalttätigkeit. Auf die Idee, dass sie von anderen meist nur aus Angst vor gewalttätigen Handlungen positive Rückmeldung erhalten, kommen die meisten nicht.

Wichtig für ein gutes Selbst-bewusst-sein ist, dass man mit sich und seiner Umwelt klar kommt. Seine Fähigkeiten, aber auch seine Schwächen zu kennen, sind hier die wesentlichen Voraussetzungen. Auch zu wissen, zu was man mal in der Lage sein könnte, ist bedeutend. Diese Eigenschaften haben Gewalttäter in einem Großteil der Fälle nicht.

Aber auch andere Menschen haben Probleme mit dem Selbstbewusstsein. Über 60% der deutschen Frauen finden ihren Arsch zu dick. Ca. 35% haben irgendwas anderes auszusetzen. Weniger als 5% finden ihren Arsch in Ordnung, wie er ist und würden ihn noch einmal heiraten.

2.3.5   Man sieht denen das schon an

„Auch die tauben Nüsse sind Früchte Gottes." (Russ. Sprichwort)

WYSIWYG ist ein abgekürztes Prinzip aus dem Computerbereich: „What you see is what you get" (Was du sieht, dass bekommst du). Auch wenn es angeblich nicht auf die Verpackung ankommt, fallen wir immer wieder drauf rein.

Schließlich nimmt der Mensch die meisten Informationen über die Augen auf.

Weshalb müssen Frauen schön und nicht intelligent sein?
Weil Männer besser gucken als denken können.

Und der erste Eindruck ist oft entscheidend. Innerhalb der ersten zehn Sekunden haben wir bereits ein Bild von einem Menschen. Und dann ist dieser Mensch erst einmal in einer Schublade. Nachfolgend stehen zwei Beschreibungen von Menschen. Lesen Sie doch bitte mal drüber und sagen spontan, mit wem Sie lieber ein Bier trinken möchten:

1. „intelligent – fleißig – impulsiv – kritisch – neidisch – widerspenstig"

2. „neidisch – widerspenstig – kritisch – impulsiv – intelligent – fleißig"

Wenn Sie sich für Person 1 entschieden haben, stimmen Sie mit den meisten Menschen (ca. 95%) überein. Obwohl bei beiden Beschreibungen alle Eigenschaften identisch sind, hat es ganz klare Auswirkungen, welche Eigenschaft zuerst genannt wird. Es gibt verschiedene Theorien, dass man aufgrund des **Aussehens** auf den Charakter tippen kann. Einige Bücher beschäftigen sich mit Größe, Gesichts- und Fingerform. Sogar anhand der Schlafstellung möchten diese Menschen erkennen, wen sie vor sich haben. Da steht z.B., dass Personen mit kleinen Füßen kleine Fußabdrücke im Sand hinterlassen und deshalb eher ruhig und unauffällig sind. *Diese Autoren kennen anscheinend weder meine Schulkameradin Nicole W., meine Studienkommilitonin Nicole P., noch die Freundin Maren R. von meinem Kollegen und nicht meine Frau.* Ich halte von diesen Verallgemeinerungen und Schubladendenken nichts. Bereits im dritten Reich hat man Kopfschädel vermessen, um auf Intelligenz, Brutalität und „Unreinheit" zu schließen. Die Ergebnisse waren genau so sinnvoll wie der Krieg, den sie begonnen haben.

Den Ausdruck „**Kleider machen Leute**" hat doch jeder schon gehört. Bekannt wurde die Redensart durch die Novelle „Die Leute von Seldwyla" von Gottfried Keller (1819-1890). Ein armer Schneider wird aufgrund seiner guten Kleidung für einen Grafen gehalten und verlobt sich mit einer reichen Bürgerstochter. Die Wichtigkeit der Kleidung ist schon sehr lange bekannt. Im 16. Jahrhundert gibt es eine Geschichte von einem Gelehrten, der in Alltagskleidung nicht gegrüßt wird. In feiner Kleidung grüßt ihn jeder. Zu Hause trampelt er auf der Kleidung mit den Worten herum: „Bist du der Doktor oder bin ich es?" Die Kleidung ist ebenfalls Gegenstand vieler Märchen und Geschichten.

„Der Astronom wiederholte seinen Vortrag im Jahre 1920 in einem eleganten Anzug. Und diesmal gaben sie ihm alle recht."
(Antoine de Saint-Exupéry: Der kleine Prinz)

Junge Menschen möchten gerne zu einer Gruppe (einem Rudel) gehören. Dies symbolisiert man sehr gut durch Kleidung. Jugendliche möchten aber auch sich selbst finden und dabei sich von der Erwachsenenwelt lösen. „Ich bin anders als du und trotzdem möchte ich geliebt werden", ist hier eine wichtige Botschaft der jungen Menschen. Und sie machen es einem nicht leicht. In den 60er Jahren war das Motto: „Schaffe, schaffe, Häusle baue" und lief in Anzügen herum, um zu zeigen, dass man es geschafft hat. Die Jugendlichen rebellierten, indem sie nackt in Sex-Kommunen kifften. Danach gab es u.a. viele unhygienische Punks und dunkel-geschminkte Grufties (heute Gothik). Ende der 80er und in den 90er Jahren waren die 68er-Menschen die Lehrer. Sie wollten zeigen, dass man auch tolerant sein kann gegenüber allen Menschen, sogar den Jugendlichen. Und was taten die Jugendlichen? Sie rasierten sich eine Glatze, gingen zu Fußballspielen und schrien „Heil Hitler". Intoleranz kann aber oft von toleranten Menschen nicht toleriert werden.

Nicht nur das Aussehen ist wichtig. Es hat auch klare Auswirkungen, was man hört. Die **Wortwahl** kann die gesamte Wahrnehmung beeinflussen. Dazu gab es verschiedene Versuche. Zwei Gruppen wurden ein Autounfall gezeigt. Die eine Gruppe wurde befragt, wie schnell die Autos fuhren, als sie „ineinanderkrachten" (Gruppe 1) oder „zusammenstießen" (Gruppe 2). Eine Woche später wurden die Gruppen befragt, ob Glas zersplittert sei. Im Film waren keine Glassplitter zu sehen. Gruppe 1 sagte doppelt so oft „JA" wie Gruppe 2.

Sie haben doch bestimmt schon vom Kevin- oder **Nomen-est-omen-Effekt** gehört. Bestimmte Namen verbinden wir mit Eigenschaften, positiv und negativ. Experimente mit Lehrern (*besser als immer die armen Ratten*) zeigten, dass es sehr wichtig ist, welchen Namen das Kind trägt. Es ändert die Einstellung und die Haltung zu diesem Kind. Und wie wichtig die Haltung gegenüber einem Menschen ist, lasen Sie bereits beim Rosenthal-Experimente in Kapitel 3.1.1. Bereits lange vor dem Diagnosenamen „Kevin" gab es Untersuchungen, dass Namen etwas aussagen. Lehrern wurden 1973 Arbeiten von Schülern vorgelegt. Diese waren bis auf den Namen identisch. Trotzdem waren die Noten von „David" und „Julia" im Durchschnitt um eine Note höher als die von „Hubert" und „Gertrud".

2.3.6   Heute haben alle AD(H)S

"...manche Dinge kann auch die Zeit nicht ändern....mancher
Schmerz, der zu tief sitzt und einen fest umklammert...."
(Der Herr der Ringe – Rückkehr des Königs)

AD(H)S (Aufmerksamkeitsdefizit-/ Hyperaktivitätsstörung) ist eine Verhaltensstörung. Es steht mittlerweile fest, dass es ein genetischer Defekt ist, welcher ausbrechen kann, <u>aber nicht muss</u>. Es hängt mal wieder von der Umwelt ab, ob das Kind AD(H)S bekommt: Ernährung, Fernsehkonsum, Ruhephasen usw. Rote Beeren wirken übrigens präventiv gegen AD(H)S. Aber was passiert, wenn AD(H)S dann ausgebrochen ist? Die Verbindungen zwischen den Gehirnzellen kommunizieren hier schneller, langsamer oder unvollständiger als beim Durchschnitt. Es entsteht ein Ungleichgewicht der Hormone Dopamin, Noradrenalin und Serotonin. Deshalb verhalten sich die Kinder dann anders als „durchschnittliche" Kinder. Übrigens hätten nach heutigem Gesichtspunkt Albert Einstein, Steve Jobs, Amadeus Mozart und Winston Churchill AD(H)S.

Nach verschiedenen Statistiken zeigen ein bis zehn Prozent aller Kinder Symptome im Sinne einer AD(H)S. Also: Unruhe, verminderte Aufmerksamkeit, bringt Pflichten nicht zu Ende, Abneigung gegen Arbeit, leicht ablenkbar, Vergesslichkeit, zappelt, spielt laut usw. Jungen sind deutlich häufiger betroffen als Mädchen. Vor über 30 Jahren nannte man dies noch „Kindheit", oder wenn es schlimmer war: „Zappelphilipp". Unsere Gesellschaft möchte aber gerne die Kinder in eine Form pressen und dass sich alle „richtig" verhalten. Deshalb gibt es heute die medizinische Diagnose und den Stempel: **AD(H)S!** *Die Eltern und die Umwelt können nichts dafür. Es ist eine Krankheit wie Husten und anscheinend auch so ansteckend. Da kann man nur Medikamente geben, hoffen und beten.*

Wenn es **Pharma-Konzernen** nur um den Absatz gehen würde, so wären bestimmt 100% aller Kinder betroffen, wenn nicht sogar mehr. Zur Zeit nehmen „nur" über zehn Millionen Kinder den Marktführer Ritalin® ein. In Deutschland ist der Absatz von Ritalin® in fünf Jahren um mehr als das 40fache gestiegen. In den USA bekommen bereits Zweijährige dieses Medikament verschrieben. Eltern, Lehrer und Kinderärzte kennen mittlerweile alle dieses Medikament. Konzerne machen aber auch direkt Werbung bei Kindern von sechs bis zwölf Jahren z.B. mit dem Bilderbuch „Krake Hippihopp". Dort hat die unruhige Krake in der Schule nur Ärger und ist deshalb sehr traurig. Bis endlich die Lösung von der schlauen Schildkröte präsentiert wird. Raten Sie mal: Ritalin®. Aber auch der Absatz anderer AD(H)S-Medikamente steigt stetig. Trotzdem wird es in der Schule immer unruhiger und zappeliger.

Natürlich ist es fast unmöglich, 30 unruhige Geister mit oft unnützem Wissen zu bändigen. Nicht umsonst gibt es eigene Therapieeinrichtungen für Lehrer, die daran verzweifeln. Doch ist es die Lösung, Kinder mit Drogen ruhig zu stellen? Andere Wege sind umständlicher, langwieriger und leider nicht so gewinnträchtig.

Die **US-Rauschgiftbehörde DEA** stuft Ritalin® in die gleiche Kategorie wie Kokain ein. Mittlerweile ist es auf dem „Schwarzmarkt" neben anderen Drogen erhältlich, wird wie Speed durch die Nase geschnupft oder wie Heroin in die Venen gespritzt. Laut DEA sind bereits Todesfälle durch Überdosen Ritalin® seit 1995 verzeichnet. Aber auch bei sachgemäßem Gebrauch soll es zu Todesfällen kommen. Verschiedene Autoren (Richard DeGrandpre oder Hans-Ulrich Grimm) berichten von Kindern und Jugendlichen, die z.B. mit 11 oder 14 Jahren bereits aufgrund von verstopften Blutgefäßen an Herzanfällen verstarben. Diese hatten über einen längeren Zeitraum Ritalin® auf Rezept eingenommen.

2.3.7   Früher war alles besser

> „Sind so kleine Seelen, offen und ganz frei. Darf man niemals quälen, geh`n kaputt dabei." (Bettina Wegner: Sind so kleine Hände)

Manchmal frage ich mich, wo ist diese Einstellung aus dem Lied von 1978 hin. Auch Reinhard Mey besang sehr kinderfreundlich: „Du bist ein Licht in ungewisser Zeit, ein Ausweg aus der Ausweglosigkeit." oder „Menschenjunges – dies ist Dein Planet - hier ist dein Bestimmungsort, kleines Paket". *Tja, früher war alles besser! Oder etwa nicht?*

Deutschland hat immer weniger Kinder und die haben dann noch einen schlechten Ruf. Laut des Stern-Berichts „Die Sechzehnjährigen" von Andreas Albers werden Jugendliche von einem großen Teil der Bevölkerung als egoistisch, gewalttätig und „party-geil" angesehen. Rostock, Solingen, Mölln, Erfurt und Emsdetten sind nur einige Orte, mit denen die Bundesbürger gewalttätiges Verhalten von Jugendlichen in Verbindung bringen. Selten lese ich etwas von positiven

Beispielen und das die Jugend unsere Zukunft ist, auf die wir bauen. Die Gehirnforschung zeigt, dass wir Erinnerungen nicht wie ein Videorecorder speichern. Diese gespeicherte Geschichte ändert sich, genau so wie wir uns verändern. Unsere Werte und Ideale wandeln sich und unsere Erinnerungen im Gehirn ebenfalls. Wir sehen die Welt von früher meistens besser als sie wirklich war. *Meine Oma hat den Zweiten Weltkrieg miterlebt, wurde mehrmals vertrieben, ist fast verhungert und hat viele schlimme Dinge erlebt, die ich nur aus dem Fernsehen kenne. Jetzt lebt sie alleine im 120qm-Haus mit Garten, trinkt ihren Freixenet-Sekt und sagt: „So schlimm wie heute war es noch nie."* Der Spruch „Früher war alles besser!" ist ja auch der Klassiker bei älteren Menschen.

Die nächste Statistik zeigt, wie sich zwischen 1993 und 2003 die Anzahl einiger Taten verändert hat. Es sind alles Straftaten, die innerhalb dieser zehn Jahre 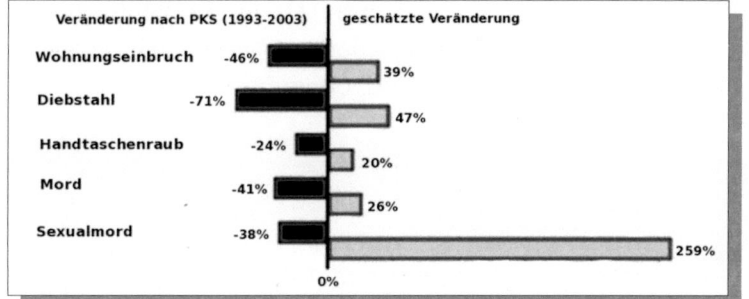 zurückgegangen sind. Doch Raub, Mord und gerade Sexualmorde kommen ja oft in den Medien vor. Deshalb wollte man auch gerne wissen, wie die Bevölker-ung diese positive Entwicklung wahrgenommen hat. Also hat man gleichzeitig Menschen befragt, wie stark die Veränderung bestimmter Straftaten geschätzt wurde. Und es zeigt sich plötzlich genau das Gegenteil. Die Bevölkerung meinte, das Sexualmorde z.B. in den letzten zehn Jahren um 259% zugenommen haben. Dabei sind sie zu 38% zurückgegangen. *Da haben wohl zu viele „Criminal Minds" geschaut und Thriller von Simon Beckett und Cody McFadyen gelesen.*

Es gibt einige Untersuchungen, die zeigen, dass sich unsere Wahrnehmung ändert. Früher war das besser und heute ist es schlimmer geworden. Zum Beispiel gab es in **Kanada** eine groß angelegte Studie (David Loyon / Kevin Douglas). Dabei kam heraus, dass die Lehrer innerhalb von sechs Jahren mehr Angst vor Gewalt bekamen und sich subjektiv mehr Gewalt ausgesetzt fühlten. Objektiv blieben die Gewaltzahlen im Großen und Ganzen gleich.

Wir konstruieren uns alle unsere Welt nach unseren Erfahrungen (Konstruktivismus). Dies wirkt sich natürlich auch auf unsere Sicht der Jugend aus.

In unserer **Jugendzeit** lesen wir meistens wenig Nachrichten und haben viel Kontakt mit anderen Jugendlichen. Wir erleben sie auf vielen verschiedenen Ebenen. Dabei merken wir, dass es viele „liebe" Jugendliche gibt. Wie alle anderen Rudeltiere, so umgibt sich auch der Mensch hauptsächlich mit Gleichgesinnten. Und jemand, der uns ähnlich ist, kann ja nicht vollkommen „böse" sein. Das prägt unser Denken und unsere Wirklichkeit:

Jugend: 90% lieb – 10% böse

Wir werden **erwachsen,** lesen Nachrichten und haben immer weniger Kontakt mit Jugendlichen. Wir kennen nur noch wenige „liebe" Jugendliche, vielleicht aus der Nachbarschaft oder der Familie. Aber in den Medien hören und sehen wir immer mehr, wie „böse" die Jugend heute ist. Auch dies prägt unser Denken und unsere Wirklichkeit:

Jugend: 10% lieb – 90% böse

Selbst wenn wir viel mit Jugendlichen zu tun haben, geschieht dies nur punktuell:

*   Das **Jugendamt** hat fast nur mit schwierigen Jugendlichen zu tun.

*   Die **Jugendgerichtshilfe** hat nur mit straffälligen Jugendlichen zu tun. (ebenso die **Polizei**, die **Jugendgerichte** oder die **Bewährungshilfe**)

*   **Lehrer** müssen junge Menschen zu etwas zwingen, was sie freiwillig oft nicht tun würden. Und so werden sie dann auch erlebt.

3   Lösungen

Doch wer kann nun noch die Welt retten? Gibt es überhaupt Lösungen?

> *„Homer, hier ist ein Mann, der glaubt, dass er dir helfen kann." -*
> *„Batman?" - „Nein, er ist Wissenschaftler." - „Batman ist*
> *Wissenschaftler." - „NEIN! Es ist nicht Batman!"*
> *(Gespräch aus der Zeichentrickserie „Die Simpsons")*

Bruce Wayne ist tot und somit gibt es keinen richtigen Batman mehr. Gibt es nun auch keinen Menschen mehr, der die Welt retten kann? Es wird sowieso nie eine gewaltfreie Welt vorhanden sein. Dies ist Utopie. Und gerade die Jugendphase wird immer mehr Gewalt beinhalten als andere Lebensphasen. Doch es ist möglich, die Welt **„gewaltärmer"** zu gestalten.

•

3.1   Grundlagen

> *„Ach, die Welt ist so geräumig, und der Kopf ist so beschränkt."*
> *(Wilhelm Busch)*

Sie sind in der Lage eine Menge zu ändern. Wenn man Menschen fragt, zu wie viel Prozent sie eine Unterhaltung beeinflussen, sagen die meisten zu 50%. Einige Kommunikationsprofis (z.B. NLP-ler) sagen zu 100%. Denn selbst, wenn Sie Menschen begegnen, die anscheinend noch nie gelacht haben (*und auch nicht die Möglichkeit hatten, sich ein Lachen zu kaufen*), können Sie darauf Einfluss nehmen. Eine Möglichkeit wäre, Sie auf den Kopf zu stellen und schon wird aus dem runterhängenden „ ⌒ " ein lächelndes „ ⌣ ". Oder Sie „bombardieren" Ihr Gegenüber solange mit Lächeln und Freundlichkeit, bis dieser seine Mauer nicht mehr aufrecht halten kann und ein Lächeln über das Gesicht huscht.

Jeder Mensch bekommt über seine **Sinnesorgane** bis zu elf Millionen Informationen pro Sekunde geliefert, kann bewusst weniger als 35 Informationen verarbeiten. Dieser Filterungsprozess wird durch die jeweiligen Werte, Überzeugungen, Erinnerungen, Erfahrungen und Hintergründe beeinflusst. Aufgrund dieser verarbeiteten Informationen zeichnet sich jeder Mensch seine eigene Landkarte von der Welt, welche aber nicht die Wirklichkeit (Gebiet), sondern nur einen Ausschnitt (eigene Landkarte) zeigt. Diese Landkarten können sehr unterschiedlich sein. Gehen Sie einfach mal mit einem Polizeibeamten, einem Rechtsextremisten und einem Modedesigner für einen Einkaufsbummel in die Stadt. Lassen Sie sich danach schildern, worauf jeder einzelne geachtet und was sie wahrgenommen haben. Ich gehe davon aus, dass Sie drei völlig unterschiedliche Geschichten und Erfahrungen hören. In unserer privaten Umgebung suchen wir uns meist Menschen mit ähnlichen Landkarten. Doch gerade beruflich stoße ich oft auf Menschen mit völlig anderen Landkarten. Und eine sehr wichtige Erfahrung habe ich in meinem beruflichen Leben gemacht.

Ich muss mein Gegenüber nicht verstehen, um mit ihm klar zu kommen.
Ich muss mein Gegenüber nicht verstehen, um ihn zu mögen.
Ich muss mein Gegenüber nicht verstehen, um ihn zu unterstützen.

3.1.1 Haltung

Eines Tages betrat ein Hund einen Spiegelsaal. Als er die tausend Hunde sah, bekam er Angst, sträubte das Nackenfell, knurrte furchtbar und fletschte die Zähne. Und tausend Hunde sträubten das Nackenfell, knurrten furchtbar und fletschten die Zähne. Voller Panik rannte der Hund aus dem Saal und glaubte von nun an, dass die Welt aus lauter knurrenden, gefährlichen und bedrohlichen Hunden bestehe. Einige Zeit später kam ein anderer Hund in den Saal. Auch er sah die tausend Hunde. Freudig wedelte er mit dem Schwanz, sprang fröhlich herum und forderte die Hunde zum Spielen auf. Er verließ den Saal mit der Überzeugung, dass die ganze Welt aus netten, freundlichen Hunden bestehe, mit denen es sich wunderbar spielen ließe.

Brief der US-Regierung

Liebe Taliban,

bitte reagiert auf unsere Bombadierung nicht mit Anschlägen.

Gewalt ist doch keine Lösung!

Jeder Mensch hat Vorurteile. Das ist normal (siehe Kapitel 2.3 Vorurteile). Doch die Vorurteile und daraus entstehenden Einstellungen gegenüber anderer Menschen haben gravierende Auswirkungen.

Unter Leitung des amerikanischen Psychologen **Robert Rosenthal** (1933) machten Studenten Versuche mit angeblich „schlauen" und „dummen" Ratten. Diese waren aber gleich intelligent. In diesen Tests schnitten aber tatsächlich die „schlauen" Ratten viel besser ab als ihre „dummen" Artgenossen. Danach testete Rosenthal zu Beginn eines Schuljahres alle Kinder einer Schule. Dann gab er den Lehrern die Namen einzelner Schüler, die dem Testergebnis zufolge eine „ungewöhnlich gute schulische Entwicklung" nehmen sollten (insgesamt 20% der Schüler). Die Namen der „Hochbegabten" waren wiederum streng nach dem Zufallsprinzip ausgewählt. Am Ende des Schuljahres hatten die vermeintlich „Hochbegabten" nach dem Ergebnis eines Schulleistungstests einen großen Vorsprung gegenüber den anderen Schülern. Die „Hochbegabten" hatten viel bessere Noten und schnitten in Intelligenztests auch besser ab. Der Umgang der Lehrer mit den „Hochbegabten" und den anderen Schülern führte ersichtlich zu einer Veränderung. Dieser Versuch macht noch einmal deutlich, welche Auswirkungen es hat, wenn Menschen in Schubladen gesteckt und dort nicht wieder rausgelassen werden. Also als Fazit:

Behandeln Sie alle Menschen, als wären Sie intelligent.

Es wird immer gesagt: „**Gewalt ist keine Lösung!**" Doch wie sieht es wirklich in unserer Gesellschaft aus? Im Fernsehen laufen unendlich viele Krimis und die Thriller sind regelmäßig in den Buch-Bestsellerlisten. In den meisten Medienberichten, aber auch in den meisten wissenschaftlichen Studien, finden Täter mehr Beachtung als die Opfer. In den Asterix-Comics zeigen die Römerlegionen zum Angriff die schützende Schildkröten-Taktik. Zum ungeordneten Rückzug benutzen sie die Hasenfuß-Taktik. Die zweite Methode ist beim Angriff der zaubertrankgestärkten Gallier auch die sinnvollere Variante. Trotz der gewalttätigen Art der Gallier sind sie die Helden dieser Comics und nicht die fliehenden Römer.

Es wird von den Eltern, den Lehrern und anderen (V)erziehern immer wieder gesagt: **„Lauf doch besser weg."** Doch wie verhalten sich die Helden aus unserer Kindheit? Ist Mickey Maus vor Kater Karlo geflohen? Ist Batman weggelaufen, wenn der Joker kam? Hat sich Spiderman versteckt, wenn der Kobold anflog? Ist der Knight Rider weggefahren, wenn Gefahr drohte?

Nein, natürlich nicht! Diese Helden laufen nicht weg. Sie weichen nicht zurück und würden nicht die Straßenseite wechseln, nur weil ihnen aggressive Menschen entgegen kommen. Gibt es irgendwelche Helden, die ohne Gewalt die Welt oder die Menschheit retten? Mir fällt spontan keiner ein. *(Sogar Jack Bauer benötigt ein <u>wenig</u> Gewalt.)*

Auch wird Aktivität in unserer Gesellschaft positiver bewertet als Passivität. Was ist mit Ihnen? Wären Sie lieber Opfer oder Täter? Leider muss ich von mir sagen, dass ich lieber Täter wäre. Bei Umfragen unter Schauspielern nach dem Film „Philadelphia" von 1993 sagten über 90 %, dass sie lieber einen soziophatischen Kinderschänder als einen HIV-kranken Schwulen spielen würden. Für seinen Mut und seine Leistung bekam Tom Hanks ja auch seinen ersten Oscar.

Unsere Erziehung, unsere Gesellschaft und unsere Helden haben uns geprägt. Doch oft ist es weiser, die Straßenseite rechtzeitig zu wechseln. Ein Umweg führt im manchen Fällen eher zum Ziel. Denken Sie mal über ihre Einstellung und woran sie glauben, nach. Denn bekanntlich kann der Glaube ja Berge versetzen.

Und wo wir gerade beim Thema „Glauben" sind. In Harvard zeigte eine Untersuchung an 12.000 Senioren, dass sich die Lungenfunktion von regelmäßigen Kirchengängern geringer verschlechtert als bei den „Atheisten". Glaube ist also gesund. Auch die Untersuchungen zu den Themen Dankbarkeit und Nächstenliebe zeigen, dass sie den Menschen glücklicher und länger leben lassen.

3.1.2   Flexibilität

Eine Elefantendame aus Afrika hat zwei Kinder: Samson und Tiffy.
Wie ist der Name der Mutter.
Hier stehen alle Informationen, die Sie benötigen. Bitte sagen Sie nun
den Namen der Elefantenmutter.
(Wenn Sie die Lösung nicht finden, schauen Sie bei www.baer-sch.de
unter Service nach)

1969 gab es in der Schweiz an die 50.000 Uhrmacher. Ein Jahrzehnt später waren es nur noch 10.000. Was war geschehen? 1969 wurde auf der Messe Uhr die Quarzuhr vorgestellt. Die Schweiz setzte auf Tradition und kaufte dieses Produkt nicht. USA und Japan sahen es anders und verdrängten damit andere Uhrprodukte.

Bei der Flexibilität geht es darum, **Wahlmöglichkeiten** zu erkennen und diese dann auch nutzen zu können. Je mehr Wahlmöglichkeiten Sie in der Situation haben, desto besser sind Ihre Chancen, zu-*frieden* aus dieser hervor zu gehen. In der Stresssituation selbst sollten Sie mehr auf Ihren Bauch als auf Ihren Kopf hören (siehe Kapitel 1.2.2 Bauch schlägt Kopf).

Um flexibel im Umgang mit Menschen zu sein, geht es mal wieder um Ihre innere Haltung. Dabei sollten Sie erst einmal selbst wissen, was Sie möchten. Unterscheiden Sie möglichst zwischen Ihrem Standpunkt und Ihrem Bedürfnis. Ihr Standpunkt hat sich aus Ihrem Bedürfnis entwickelt. Hinterfragen Sie immer, welches Bedürfnis Sie haben und Sie haben viel mehr Lösungsmöglichkeiten, als wenn Sie nur auf Ihrem Standpunkt beharren. Wenn Sie Durst (Bedürfnis) haben, sind Sie recht flexibel. Anders ist es, wenn Sie nur genau diese Flasche Wasser, die im Kühlschrank steht (Standpunkt) haben möchten. Seien Sie kreativ. Also entwickeln Sie Ideen und schauen Sie mal über den Tellerrand. Unser Gehirn arbeitet so, dass es am liebsten da etwas anknüpft, wo schon viel da ist. Sie haben schon viel Ahnung von Geschichte und Sie lesen noch viel mehr darüber und schauen auch immer die Geschichts-Dokumentationen im Fernsehen. Lesen Sie dann mal etwas über Physik und Ihr Gehirn verknüpft sich wieder ganz anders. Schließlich möchten wir nicht enden wie die Dinosaurier. Diese waren zwar riesig und stark – sie waren aber nicht flexibel genug sich an die veränderten Temperaturen zu gewöhnen. Und schon sind sie ausgestorben.

„Wann immer Sie etwas tun, was nicht funktioniert, hören Sie damit
auf und tun Sie etwas anderes." (Milton H. Erickson)

3.1.3 Stressbewältigung

Herz König versucht den hysterischen Hutmacher zu beruhigen: „Sei nicht nervös, sonst lasse ich dich sofort hinrichten!"
(Lewis Carroll: Alice im Wunderland)

In Stresssituationen gelassen zu bleiben, ist oft schwierig. Die Natur hat nun mal eingerichtet, dass der kreative Teil des Gehirns dabei nicht so gut durchblutet wird. Deshalb kann man in Stresssituation selten 100% erreichen. Lang- und kurzfristig sollten Sie Methoden (Erleichterungen) finden, die Sie in diesen Momenten nutzen können.

Der Lebensstil vieler Menschen, die unter Dauerstress stehen, zeigt kontraproduktive Formen der Stressbewältigung. Sie suchen häufig Entlastung durch übermäßiges Rauchen, Essen, Alkohol trinken, Fernsehen usw. Diese schädlichen Gewohnheiten bringen zusätzliche Belastungen und Anspannung statt Entspannung. Ein Teufelskreis ist in Gang gesetzt. Was können Sie dagegen tun?

Kaum ein Mensch schafft es, sich nie zu ärgern. Ziel der Stressbewältigung kann auch sein, sich effizienter und kürzer zu ärgern. Negative Gefühle hemmen Menschen in ihrer Energie und sind Gift für den Körper. Ärger greift das Immunsystem und damit die Gesundheit an. Das Immunsystem macht dabei keinen Unterschied, ob der Ärger berechtigt ist oder nicht. Vera Birkenbihl unterscheidet da die Gift-Gefühle (Hass, Neid, Ärger, Wut, Zorn) und die Geschenk (engl. gift) -Gefühle (Liebe, Freude, Vergebung, Dankbarkeit, Erfolg). *Im Dänischen bedeutet „gift" übrigens „verheiratet".* Es gibt viele Angelegenheiten, worüber wir uns aufregen und dabei sollten Sie Folgendes beachten:

> **Sie sollten sich über zwei Sachen niemals aufregen:**
> **1. Dinge, die Sie ändern können.**
> **2. Dinge, die Sie nicht ändern können.**
> **Unter die zweite Kategorie fallen auch alle Menschen.**

Es gibt verschiedene Möglichkeiten, den Stressfaktor im Leben zu minimieren:

- **Kurzfristige Erleichterungen**
  Faust in der Tasche
  bis 10 zählen
  tief durchatmen
  kontrollierte Abreaktion
  Positive Selbstgespräche
  Ablenkung usw.

- **Langfristige Erleichterungen**
  Sport
  Schlaf
  schöne Erlebnisse
  Humor
  Sozialkontakte
  Entspannung usw.

- **Stressvermeidung**
  Lärm meiden
  Umgebungsfarben wählen
  Temperatur angenehm gestalten
  Hilfe annehmen
  Zeitmanagement
  Coaching / Supervisionen / Therapie usw.

- **Stress im Kopf „meiden"**
  Erfolge sichtbar machen
  anderen vergeben
  sich selbst beschenken
  dankbar sein
  mutwillig Freude verbreiten usw.

Ich bin kein Köln-Fan, Ziegen stinken und Karneval ist auch nicht mein Ding.
Trotzdem ist das „Kölsche Grundgesetz" zur Stressbewältigung toll geeignet:

1. Et es wie et es. – Akzeptieren Sie, was gerade ist.

2. Et kütt wie et kütt. – Machen Sie sich keine unnötigen Sorgen.

3. Et hät noch immer joot gejange. – Bleiben Sie optimistisch.

4. Wat fott es, es fott. – Lassen Sie die Vergangenheit los.

5. Et bliev nix wie es et wor. – Alles ist im Fluss.

6. Kenne mer nit, bruche mer nit, fott domet. – Prüfen Sie, was Sie brauchen.

7. Wat wells de maache? - Versuchen Sie nichts Unveränderliches zu ändern.

8. Maach et joot, avver nit zo off. - Achten Sie aufs rechte Maß.

9. Wat soll dä Käu? - Hinterfragen Sie und tun Sie Sinnvolles.

10. Drinks de ejne met? - Pflegen Sie Ihre Freundschaften.

11. Do laachs de disch kapott. - Behalten Sie Ihren Humor.

Eine positive Haltung (siehe Kapitel 3.1.1) und eine humorvolle Einstellung sind einfach das „A" und „O" für ein entspanntes Leben. Oder man kann ja auch alles krumm nehmen (siehe Zeichnung links). Übrigens sind zum Stirnrunzeln und für ein ernstes Gesicht über vierzig Muskeln erforderlich, zum Lächeln dagegen nur siebzehn, d.h. Lächeln ist weniger anstrengend und verbraucht weniger Energie. Das ist der wissenschaftliche Beweis, dass Jesus und *Yoda* Recht haben:

Liebe und Vergebung haben mehr „Macht" als Hass und Neid!

„Zorn. Furcht. Aggressivität. Die Dunklen Seiten der Macht sind sie.
Besitz ergreifen sie leicht von dir." (Jedi-Meister Yoda)

3.1.4 Kommunikation

Mitten in der Wüste treffen sich ein Cowboy und ein Indianer. Der Indianer hebt beide Hände hoch, anschließend zeigt er mit einem Finger auf den Cowboy, der hält ihm zwei Finger zu einem V gespreizt entgegen. Daraufhin bildet der Indianer mit seinen Händen ein Dreieck, und der Weiße macht eine schlängelnde Bewegung mit seiner Hand.

Am Abend trifft der Cowboy seine Freunde im Saloon und erzählt ihnen: „Ich habe heute eine brenzlige Situation in der Wüste gehabt, die hätte übel ausgehen können. Ein Indianer ist auf mich zugekommen und hat mir gedeutet: Halt, ich erschieße dich. Da hab ich mich natürlich nicht einschüchtern lassen und hab ihm geantwortet: Wenn du schießt, dann schieße ich zweimal zurück. Das hat gefruchtet, denn der Indianer hat gleich gekniffen und gezeigt: Na gut, dann geh ich zurück in mein Zelt. Ja, ja, hab ich nur gedeutet: Schleich dich, aber schnell.“
Als der Indianer zu Hause in seinem Wigwam ankommt, erzählt er seinen Freunden: „Also, die Weißen werden auch immer komischer. Ich habe so einen Cowboy in der Wüste getroffen und habe ihn gefragt: Wie heißt du? Darauf hat er geantwortet: Ziege. Ich hab noch mal nachgefragt: Bergziege? Und er hat gemeint: Nein, Flussziege.“

Kommunikation (lat. communicare: teilen, mitteilen, teilnehmen lassen, gemeinsam machen, vereinigen) bezeichnet den wechselseitigen Austausch von Gedanken in Sprache, Gestik, Mimik, Schrift oder Bild. Hier eine Aufzählung nicht-sprachlicher (nonverbaler) Kommunikationen:

- Kommunikation durch Blickverhalten (Blickkontakt)

- Kommunikation durch Gesichtsausdruck (Mimik)

- Kommunikation durch Körperhaltung u. Körperbewegung (Pantomimik)

- Kommunikation durch Berührung (Taktilität)

- Kommunikation durch räumliche Distanz zum anderen Kommunikations-
  partner (Regulierung des sozialen Raums)

- Kommunikation durch tönende (vokale), nicht sprachliche Zeichen:
  Stimmqualität, Stimmhöhe, Stimmführung, Lautstärke, Klangfarbe, Arti-
  kulation, Sprechgeschwindigkeit (Paralinguistik)

- Kommunikation durch Beiwerk: Kleidung, Statussymbole, Gestaltung des
  Raumes usw.

Kommunikation ist also der Austausch von Informationen auf vielen
verschiedenen Wegen. Auch Schlagen ist eine (Ab-)Art der Kommunikation.
Sender „*Kevin*" codiert sein „Ich mag dich nicht!" in die Botschaft „Schlag" zum
Empfänger „*Torben-Maximilian*" und dieser decodiert es: „Aua, der mag mich
nicht!"

Die Kommunikation in all seinen Facetten zu kontrollieren ist nicht möglich. Die
Einstellung und die Haltung verraten einen Menschen immer. Selbst Menschen,
die ständig trainieren ihre Einstellung zu verbergen, (*also Versicherungsvertreter,
Bänker und Politiker*) schaffen dies nur mit mäßigem Erfolg. Dabei reichen schon
einige Grad der Handdrehung und die Person wirkt nicht echt (authentisch).
Riesig sind diese Unterschiede nicht. *Riesig nicht, aber fein* (Chantré-
Werbespruch). Und diese feinen Abweichungen machen den Riesen-Unterschied.

> „*Das große Wasser ist die See – das kleine schwarze ist Kaffee.*"
> (*Jörg Hilbert: Ritter Rost und die Hexe Verstexe*)

Hier einige Ideen für eine „gewaltarme" Kommunikation:

Objektivität
Versuchen Sie klare und objektive Beobachtungen mitzuteilen. Werten Sie dabei
nicht. (Wörter wie „immer", „nie", „dreckig", „unordentlich", „dumm" usw. sind
starke Wertungen.)

Ich-Perspektive
Reden Sie von sich und Ihren Gefühlen. Du-Botschaften sind meist Angriffe und
werden auch so aufgefasst.

Bedürfnisanalyse
Achten Sie auf Ihre Bedürfnisse (nicht auf Ihren Standpunkt) und hören Sie die Bedürfnisse des Gegenübers. Seien Sie offen für neue Ideen, kreative Möglichkeiten und Kompromisse.

Ehrlichkeit
Wenn Sie immer offen, fair und ehrlich sind, müssen Sie sich nicht all Ihre Lügen merken. Sie sind kongruent und wirken echt (authentisch). Wenn Sie etwas möchten, so sagen Sie dies und reden nicht umständlich um den Brei herum.

Neugierde
Stellen Sie Fragen und setzen Sie nicht voraus, dass Sie wissen, was der andere möchte. Auch Sie können <u>keine</u> Gedanken lesen. *Es sei denn, ich habe die Ehre, dass Sie Thorsten Havener sind und mein Buch lesen. Für Sie gilt dieser Satz natürlich nicht. ;-)*

> *„Streite dich nie mit einem Dummkopf; es könnte sein, dass die Zuschauer den Unterschied nicht bemerken." (Mark Twain)*

3.2   Pädagogische Ansätze

> *„**Bömmel:** Wollen Sie ihrem greisen Kollegen nicht mal verraten, welche Methode nach ihrer Ansicht die richtige ist?*
> ***Dr. Brett:** Meine.*
> ***Bömmel:** Aha! Wann ist denn überhaupt eine Methode richtig?*
> ***Dr. Brett:** Wenn der Lehrer der Freund der Schüler ist ...*
> ***Bömmel:** Das ist bei mir der Fall.*
> ***Dr. Brett:** ... und wenn die Schüler vor ihm Respekt haben."*
> *(Gespräch aus dem Film „Die Feuerzangenbowle")*

Ich schreibe in den nächsten Kapiteln viel über Pädagogen und Lehrer. Damit sind aber im Grunde alle Erwachsenen gemeint. Schließlich erziehen wir alle die Kinder, die um uns herum existieren. Je enger das Verhältnis, desto größer ist der Einfluss.

In dem netten Buch „Ich bin eine Lehrerin" beschreibt Eva Ulrich bereits 1955 „Jeder Lehrer muss seinen Schüler als Person ernst nehmen, sonst kann er ihn nicht lehren. Er muss sich aber auch selbst als Person geben."

Es gibt verschiedene Strategien, der Gewalt Herr zu werden. Einmal sind da natürlich die **Verbote**. Ich versuche mein Kind zu erziehen und das Wort „nicht" nicht zu gebrauchen. Ich schaffe es nicht. Verbote sind manchmal einfach notwendig, auch wenn sie ständig hinterfragt werden sollten, ob sie noch sinnvoll sind. Schulordnungen von 50 Seiten kann man auf zwei Seiten reduzieren, die dann auch noch positiv formuliert sind. Aber dies ist gar nicht mal so einfach. Doch Verbote alleine reichen nicht aus. Das ist nur ein Schutz und wäre so als wenn ein Fußballtrainer alle elf Spieler ins Tor setzen würde, damit sie keine Tore kassieren. Vielleicht gelingt ein Unentschieden. Diese Mannschaft würde aber niemals gewinnen.

Persönliche Bindungen, Vorbild sein und Rituale sind hier viel wichtiger und anhaltender. Es erfordert aber auch Kraft und Mühe. Wir sollten viel Geld, Zeit und Energie in die Förderung von Kindern investieren. Die sollen schließlich mal *meine* Rente zahlen und *ich möchte nicht erst mit 85 Jahren in den Ruhestand gehen.*

> *„Es gibt nur eines, was auf Dauer teurer ist als Bildung: Keine Bildung."* (*John F. Kennedy*)

3.2.1   Früh ansetzen

> *„Willst du einen Schmetterling töten, nutze die Zeit, in der er Raupe ist." (Vladimir Nabokov)*

Die Pädagogik wird immer gerne als „**Feuerwehr**" eingesetzt, also wenn es schon brennt. Wenn der Wasserhahn tropft oder aus einem Wasserrohr Wasser spritzt, wird sofort etwas unternommen. Entweder man regelt das selbst oder ruft einen Fachmann. In der Pädagogik steht, im übertragenen Sinne, bereits der gesamte Keller unter Wasser, wenn der Fachmann angefragt wird.

Doch diese Prävention kostet Zeit und Energie. Die Ergebnisse sind langfristig. Wahrscheinlich wäre es für deren Finanzierung sinnvoll, dass die Ergebnisse bereits nach vier Jahren sichtbar wären. Dann würde die Politik wahrscheinlich mehr investieren. In NRW ist gem. der **Qualitätsanalyse NRW** Frühprävention Pflicht für alle Schulen vom Land. Der Alltag sieht aber oft anders aus.

Auch die **Gehirnforschung** besagt, dass „der frühe Vogel den Wurm fängt". Je früher die Prävention beginnt, desto effektiver ist sie. Deshalb sollte die Prävention bereits bei den Eltern ansetzen. Schon eine ruhige und giftfreie (z.B. ohne Nikotin, Alkohol, Hamburger usw.) Schwangerschaft steigert die Wahrscheinlichkeit, dass das Kind ausgeglichener, intelligenter und nicht dick wird.

Nach der **Broken-Window-Theorie** (engl. zerbrochenes Fenster) sollten Sie sich bereits frühzeitig einschalten, um weitere Eskalationen zu verhindern. Die Broken-Window-Theorie bezeichnet ein Konzept, das beschreibt, wie ein vergleichsweise harmloses Phänomen, z.B. ein zerbrochenes Fenster in einem leerstehenden Haus, später zu völliger Verwahrlosung führen kann:

- Wenn irgendwo Müll liegt, wird Müll dazu geworfen.

- Wenn irgendwo dreckiges Geschirr liegt, wird weiteres dreckiges Geschirr dazugepackt.

- Wenn irgendwo Graffitis gemalt wurden, kommen schnell neue Graffitis dazu.

- Wenn ein Auto beschädigt ist, verleitet es dazu, es noch mehr zu beschädigen.

Deshalb:
Früh eingreifen!
Vorsorge ist besser als Nachsorge!
Prävention vor Intervention!

In New York wurde die Broken-Window-Theorie für die Kriminalitätsbekämpfung eingesetzt. Innerhalb von drei Jahren (1994 – 1997) sank die Kriminalitätsrate um 37% und die Rate der Tötungsdelikte sogar um fast 50%.

3.2.2 Verantwortung

„Hohle Töpfe haben den lautesten Klang." (William Shakespeare)

Wie weit Menschen gehen, wenn sie ihre Verantwortung abgeben können, zeigte u.a. das **Milgram-Experiment** (siehe auch Kapitel 2.1.4 Die Jugend gehorcht nicht mehr). Menschen gaben Unschuldigen Elektroschocks, nur weil sie die Verantwortung abgeben konnten. 65% der Versuchsteilnehmer gingen bis zur tödlichen Dosis. Sobald die Versuchspersonen andere Personen beobachten konnten, die das Experiment abbrachen, gehorchten weniger als 10%. Sie haben also nicht nur sich selbst gegenüber eine Verantwortung. Sie dienen auch als Vorbild, so oder so (siehe auch Kapitel 3.3.5 Seien Sie Vor-bild).

In den siebziger Jahren wurde von Prof. Moriarty untersucht, ob Personen am Strand einschreiten, wenn eine andere Person offensichtlich bestohlen wird. In den Fällen schauten die meisten Menschen zu (über 80%), ohne einzuschreiten. Wenn einzelne Strandbenutzer angesprochen wurden, bitte auf die Sachen aufzupassen, schritten diese mit 95% Wahrscheinlichkeit ein, wenn es um einen Diebstahl ging. Nur wenn sich Leute verantwortlich fühlen, tun sie etwas. Deshalb soll man ja auch in **Notsituationen** Leute konkret ansprechen: „Sie da in der roten Jacke, bitte helfen Sie mir!"

Eine Frage, die Reiner Gall (Entwickler des Coolness-Trainings/CT®) in seinen Seminaren stellt, lautet: **„Wo beginnt ihr Vorgarten?"** Damit ist gemeint, wie weit geht Ihr Verantwortungsbereich. Sie beobachten z.B., wie jemand eine Cola-Dose in Ihren Vorgarten wirft. Sie werden doch auf jeden Fall etwas tun, oder? Vielleicht die Person ansprechen oder ziemlich sicher die Dose wegräumen. Wie sieht es aus, wenn die Person es auf „Ihre" Straße wirft? Oder in „Ihrem" Park oder in „Ihrer" Stadt etwas hinwirft? Oder wenn Sie beobachten, wie etwas in einer fremden Stadt oder in einem fremden Land hingeworfen wird?

Wo sehen Sie Ihren Verantwortungsbereich? Wenn andere Menschen beleidigt werden? Wenn ein Mann eine Frau schlägt? Wenn Männer sich schlagen? Wenn Eltern ihre Kinder schlagen? Wenn Kinder rauchen? Wenn jemand auf dem Gepäckträger eines Fahrrads mitfährt?

Es geht nicht darum, den Sheriff zu spielen und alle Gesetzlosen zu erschießen. Doch die Zivilcourage beginnt schon im kleinen Rahmen. Dabei ist es nicht Ziel, sich ständig in Lebensgefahr zu bringen. Einige Blicke oder eine kurze Ansprache reichen oft schon aus, um das Missfallen zu signalisieren. Ich fahre oft mit verschiedenen Bahnen und begegne dort ab und zu Jugendlichen, die sich gerne ausprobieren. Einige legen z.B. ihre Füsse auf die Sitze. Im Vorbeigehen nehme ich kurz Blickkontakt auf und schaue auf den Sitz. Wenn ich mich dann einige Plätze weiter hinsetze, kann ich in den meisten Fällen beobachten, wie die Füsse wieder auf dem Boden landen. Ich habe dabei keine Lust, mich mit dem Jugendlichen anzulegen. Mein Hauptziel ist es auch nicht, dass er die Füsse herunter nimmt. Dies ist oft nur ein schöner Nebeneffekt. Mein Ziel ist es, mein Missfallen auszudrücken und zu signalisieren, dass es <u>kein</u> soziales Verhalten ist. Wenn genug Menschen dies tun würden, würden sich viele Menschen auch besser verhalten.

> **Übernehmen Sie die Mitverantwortung für die Entwicklung dieser Gesellschaft - Im Prinzip haben Sie sie schon längst!**

3.2.3   Der emphatische Ansatz

„Es ist ein großer Vorteil im Leben, die Fehler, aus denen man lernen kann, möglichst früh zu begehen." (Winston Churchill)

Empathie bedeutet Einfühlungsvermögen oder einfühlendes Verstehen. Indem Sie sich in Ihr Gegenüber hineinversetzen, fällt es Ihnen leichter, seine Bedürfnisse zu erkennen und seine Gefühlsäußerungen zu verstehen. Dazu ist eine positive Bewertung der anderen Person unabdingbar. Diese Wertschätzung sollte im besten Fall eine allgemeine innere Haltung allen Menschen gegenüber sein.

Wertschätzung ist oft verbunden mit Respekt, Achtung, Wohlwollen und Anerkennung und drückt sich aus in Zugewandtheit, Interesse, Aufmerksamkeit, Freundlichkeit. Wertschätzung hängt immer auch mit *Selbst*-wert zusammen: Menschen mit hohem *Selbst*-wert haben öfter eine wertschätzende Haltung anderen gegenüber und werden öfter von anderen wertgeschätzt. Empfangene und gegebene Wertschätzung vergrößert das *Selbst*-wertgefühl sowohl beim Empfänger als auch beim Geber. Wertschätzende Personen, die ein offenes Wesen haben und kontaktfreudig sind, sind oft auch beliebt.

Auch wenn Sie mit dem Verhalten Ihres Gegenübers nicht einverstanden sind, so akzeptieren Sie ihn als Mensch und sprechen ihm <u>nicht</u> seine „Vollwertigkeit" ab. Diese positive Wertschätzung (Begriff wurde maßgeblich von Carl Rogers geprägt) ist entscheidend, um mit dem Gegenüber in Kontakt zu kommen.

In der Hypnosetherapie und im Neurolinguistischen Programmieren (NLP) spricht der Therapeut vom **guten Kontakt (Rapport)**. Diesen stellt der Therapeut zuerst her, bevor er mit seinem Patienten arbeitet („Rapport vor Intervention"). Den guten Kontakt können Sie überprüfen, indem Sie schauen, ob Sie und Ihr Gegenüber eine ähnliche Körperhaltung eingenommen haben (Pacing - zu deutsch „im gleichen Schritt gehen"). Menschen mögen Ähnlichkeiten und ähnliches Verhalten: „Gleich und Gleich gesellt sich gern." Wenn sich Menschen in ihrem Verhalten (Körperhaltung, Atmung, Gesichtsausdruck usw.) „spiegeln", befinden sich diese höchst wahrscheinlich auf gleicher „Wellenlänge". Laut verschiedener Wissenschaftler sind wir Menschen dank der Spiegelneuronen in unserem Gehirn dazu in der Lage mit anderen „mitzuschwingen" und mitzufühlen, z.B. Mit-leid zu empfinden.

Albert Bandura geht in seinem **Modelllernen** davon aus, dass Ihr Gegenüber viel eher von Ihnen Meinungen annimmt, wenn sie im guten Kontakt stehen. Ansonsten bilden sich schnell Widerstände *und Sie reden gegen eine Wand*.

In Experimenten zeigte sich, dass Ratten, die mehr von ihrer Mutter geleckt wurden, später intelligenter wurden. Zuneigung und Liebe sind also wichtige Voraussetzungen für die Hirnentwicklung.

Ehrlichkeit, Zuverlässigkeit und **Transparenz** sind hier wichtige Eckpfeiler, die darauf hinweisen, dass man das Gegenüber respektiert.

Rat-*schläge* und Zurechtweisungen von sich besser vorkommenden Menschen sind sinnlos. Wenn Sie sich auf der gleichen Stufe mit Ihrem Gegenüber befinden, können Sie viel mehr erreichen. Dazu beende ich dieses Kapitel mit einer Geschichte, welche ich im Buch „Der Gehirnflüsterer" von Kevin Dutton fand:

> *„Am Ende eines Staatsbanketts für Würdenträger des Commonwealth sah Winston Churchill, wie ein Gast einen kostbaren silbernen Salzstreuer in seiner Jackentasche verschwinden ließ und sich verstohlen in Richtung Tür bewegte. Und was tat Churchill? Hin- und hergerissen zwischen der Loyalität gegenüber dem Gastgeber und dem Wunsch, einen peinlichen Zwischenfall zu vermeiden, hatte er eine Eingebung. Er schnappte sich das Pendant, den Pfefferstreuer, und steckte ihn ebenfalls ein. Dann näherte er sich seinem kriminellen Kollegen, zog das entwendete Objekt vorsichtig aus der Tasche und stellte es vor ihn auf den Tisch. »Ich glaube, man hat uns beobachtet«, sagte er. »Besser, wir stellen die Dinger zurück.«"*

3.2.4   Der konfrontative Ansatz

„Was im Traum noch völlig logisch erscheint, ergibt plötzlich keinen Sinn." (Max Payne)

Prof. Dr. Jens Weidner hat die konfrontative Pädagogik in Deutschland bekannt gemacht. Er entwickelte u.a. den „heißen Stuhl" als Methode des Anti-Aggressivitäts-Training für Gewalttäter. Die Methode ist sehr umstritten, besonders weil die Medien teilweise ein komisches Bild von dieser vermitteln.

Auch wenn es manchmal nicht so wirkt, ist die konfrontative Pädagogik ein sehr menschenfreundlicher Ansatz. **„Klare Linie mit Herz"** ist ein Leitspruch von Prof. Weidner. 80% Empathie und 20% Konfrontation sind dazu notwendig. Eines der Hauptziele ist die Opfervermeidung, d.h. die Gewalttäter sollen daran gehindert werden, weitere Opfer zu produzieren. Es funktioniert nicht die Täter zu bestrafen und anzumoppern. Das Berühren des Innersten des Menschen ist für eine Änderung notwendig. Und dazu sind Wertschätzung und Empathie unabdingbar.

Oft werden **Bootcamps** und konfrontative Pädagogik gleichgesetzt. Bootcamps sind Trainingslager im Militärbereich und diese „Stiefelpädadagogik" wurde dann auf jugendliche Straftäter übertragen. Dort wird oft nur das unerwünschte Verhalten durch ständige Kontrolle und harte Strafe unterdrückt. Permanente Erniedrigung, Drill und andere Grausamkeiten fördern nicht ein verantwortungsbewusstes Verhalten. Eher im Gegenteil.

Die konfrontative Pädagogik hat also mit Bootcamps nichts zu tun, weil die Grundhaltung eine ganz andere ist. Viele Ideen der konfrontativen Pädagogik sind aus der **provokativen Therapie** nach Frank Farrelly entnommen. Es ist sehr faszinierend, wenn dieser 80jährige Mann arbeitet. Menschen kommen zu ihm und er sagt ihnen unverblümt die Wahrheit. Er geht sogar noch weiter und übertreibt maßlos. Übergewichtige Menschen werden gefragt, wie sie durch die Tür kamen und ob er ihnen noch drei Stühle anbieten könne. Doch dies sagt er mit soviel Empathie, dass die Menschen ins Nachdenken geraten. Schauen Sie sich mal die DVDs oder kleine Filme auf Youtube an. Er berührt die Menschen (geistig und körperlich) und macht sich mit den Menschen über deren Probleme lustig. Und Humor ist auch hier wieder ein wichtiges Heilmittel.

Wichtig ist bei der konfrontativen Pädagogik, dass sich die Teilnehmer untereinander austauschen und voneinander lernen **(Peer-Group-Education)**. Die Theorie besagt, dass Menschen viel eher etwas von Menschen annehmen, die ihnen ähnlich sind.

Viele Ansätze der konfrontativen Pädagogik finde ich sehr interessant und sinnvoll. Allerdings möchte ich Prof. Weidner widersprechen, wenn er diese als Ultima Ratio, also als äußerstes und letztes Mittel, beschreibt. Ich sehe die Bereitschaft zur Konfrontation eher als die Grundeinstellung, sich den Herausforderungen und der anderen Meinung zu stellen. Und diese Grundeinstellung führt zu einem klaren Regelwerk, welches klare Konsequenzen hat. Dieses wird für alle transparent vermittelt. Dadurch werden viele Konflikte bereits im Vorfeld vermieden.

3.2.5 Demokratie lernen

„Ich las kürzlich, dass man jetzt Anwälte statt Ratten bei wissenschaftlichen Experimenten verwendet. Man tut dies aus zwei Gründen. Erstens: Die Wissenschaftler empfinden weniger Mitleid bei Anwälten. Zweitens: Es gibt Dinge, die nicht mal Ratten tun würden."
(Robin Williams als Peter Pan in Film HOOK)

Es gab Untersuchungen über die Leitungsstile „demokratisch (D)", „autoritär (A)" und „laissez-faire (L)" bei Kinderbastelgruppen. Die Arbeitsleistung war von Gruppe L am schlechtesten. Gruppe A hatte schnell Sündenböcke, um die Aggressionen abzulassen. Die meiste Gewalt kam auch in der Gruppe A vor, dicht gefolgt von der Gruppe L. Es kamen dreißigmal soviel Streitigkeiten und achtmal soviel Schlägereien wie in der Gruppe D vor. Auch das größte „Wir-Gefühl" und die größte „Kreativität" hatte Gruppe D(emokratisch). Doch seien wir mal ehrlich, in welchen Bereichen geht es heute demokratisch zu: In der Familie? Im Kindergarten? In der Schule? In der Berufswelt?

Wir sind für Frieden! - Wir schauen hin! - Jeder ist verantwortlich!

Die drei Grundsätze sollten in allen Bereichen des Lebens gelten. Familie, Kindergarten und Schule sollten diese Einstellung fördern. Hier geht um das Lehren von Verantwortung und somit um die Stärkung der Demokratie.

Doch Demokratie kann man nicht in einem autoritären System vermitteln. Dies war einer der Gründe, warum nach dem Mauerfall 1989 so viele rechte Gedanken Fuß fassen konnten. Viele junge Menschen kannten ein autoritäres System und fanden sich dort zurecht. Ich gebe viele Fortbildungen für Lehrer in verschiedenen Bundesländern. Doch nur in den neuen Bundesländern ist es bisher vorgekommen, dass sich bei einer Übung die Lehrer nicht auf einen Stuhl stellen wollten. Sie wollten die Sitzflächen, die ja Staatseigentum sind, nicht verschmutzen. (*PS. Die Schuhe waren saubere Hallenschuhe und die Sitzfläche war aus Holz.*) Wir legten dann eine Unterlage auf die Sitzfläche.

Also auch Demokratie kann man mal wieder durch Vorleben vermitteln. Deshalb dürfen alle Parteien Demonstrationen veranstalten. Rechtsextreme Veranstaltungen zu verbieten, nur weil uns deren Meinung nicht passt, bedeutet eine Unterdrückung von Minderheiten. Damit tun wir das Gleiche, was wir den rechten Idioten vorwerfen.

3.3 Gesellschaftliche Lösungen

> *„Du wirst also über dich selbst richten … Das ist das Schwerste. Es ist viel schwerer, sich selbst zu verurteilen, als über andere zu richten. (Antoine de Saint-Exupéry: Der kleine Prinz)*

Mal wieder ist die Gesellschaft gefragt, *wie immer.* **Wir alle** sind die Gesellschaft und deshalb darf sich mal wieder jeder an die eigene Nase packen. Jeder einzelne kann etwas tun: Gleichgesinnte suchen, politisch aktiv sein, ein Buch schreiben oder einfach mal den Mund aufmachen, wenn es sinnvoll ist.

3.3.1 Einfache Lösung

> *„Der Satz des Pythagoras umfasst 24 Worte, die Zehn Gebote 179, die amerikanische Unabhängigkeitserklärung 300. Die EU-Verordnung über den Import von Karamellbonbons von 1981 besteht aus 25.911 Wörtern."*

Der Mensch neigt dazu, alles zu komplizieren und dann einfache Erklärungen finden zu wollen. Killer-Computer-Spiele z.B. produzieren Killer-Kinder. Also: Einfach Killer-Spiele verbieten und es gibt keine Killer mehr. Dann haben wir genauso wenig Mörder wie im Mittelalter, im Wilden Westen oder im Dritten Reich.

Der Ansatz von Gott im Alten Testament war es, alles zu fluten. Noah sollte Tierpaare und einige nette Menschen auf seine Arche mitnehmen. Doch anscheinend hat dieser Neuanfang nichts genutzt. Auch die Vernichtung von Sodom und Gomorrha brachte nicht viel. Nur Loth und seine Töchter entkamen. Die Frau erstarrte zur Salzsäule. Die Töchter von Loth machten ihren Vater später betrunken und schliefen mit ihm. Sie wollten eben nicht, dass ihre Familie ausstirbt - ein vielversprechender Neuanfang für die Menschheit. Batmans Gegner Ras Al Guhl hatte ähnliche Ideen. Alle Menschen vernichten, bis auf eine Elite, mit der man die Menschheit rettet. Bisher hat ihn Batman immer daran hindern können. *Und wenn er es mal nicht schafft, bringt es ja auch nichts (siehe Bibel).*

Doch kann man überhaupt etwas gegen Gewalt unternehmen? Jeder sollte natürlich erst einmal mit „the man in the mirror" (Michael Jackson) anfangen. Bildlich zeigt es Bruce Lee in dem Film „Der Mann mit der Todeskralle". Dort kämpft er erst in einem Spiegelsaal gegen sich selbst, bevor er den „bösen" Endgegner besiegen kann. Also erst an dem Balken im eigenen Auge arbeiten, bevor man sein Gegenüber auf den Splitter in dessen Auge aufmerksam macht.

Und es sind die Erwachsenen, die für die Gesellschaft verantwortlich sind, nicht die Jugendlichen. Aber vielleicht erweitern ja viele Menschen ihr Wissen wie in diesem Zitat von Mark Twain: *„Als ich 14 war, war mein Vater so unwissend. Ich konnte den alten Mann kaum in meiner Nähe ertragen. Aber mit 21 war ich verblüfft, wie viel er in sieben Jahren dazugelernt hatte."*

3.3.2   Härtere Strafen

„Triebtäter kann man nicht abschrecken, härtere Strafen sind RACHE." (Volker Pispers)

Mehr desselben ist nicht unbedingt besser. Wenn eine Arznei gut anschlägt, wirkt sie nicht doppelt so gut, wenn man die doppelte Menge einnimmt. Wenn sie gar nicht wirkt, wirkt die doppelte Menge wahrscheinlich auch nicht. König Gustav II

Adolf von Schweden wollte 1628 mit seinem neuen Kriegsschiff „Vasa" protzen. Es sollte die schwedischen Interessen in der Ostsee während des dreißigjährigen Krieges (1618-1648) vertreten. Das 70-Meter-Schiff hatte 32 Kanonen installiert. Der schwedische König wollte insgesamt 64 Kanonen auf dem Schiff haben. Dies war die gesamte Flottenfeuerkraft des damaligen Gegners Polen. Doch die Statik geriet dadurch außer Kontrolle und das Schiff sank nach 20 Minuten Fahrt.

Es gibt immer wieder die Idee von BILD-Lesern oder Politikern, die Strafen zu erhöhen. *Ein Politiker wurde z.B. sogar mal von einem Kabarettisten als Rollstuhl-Goebbels bezeichnet. Soweit würde ich natürlich nie gehen.* Doch besonders das Jugendstrafrecht hat in erster Linie den Auftrag, die Rückfallwahrscheinlichkeit zu reduzieren (Resozialisation). Und verschiedene Untersuchungen zeigten, dass härtere Strafen oft eher das Gegenteil bewirken. Auch der Vergleich von mehreren Richtern zeigte, dass die Rückfallwahrscheinlichkeit bei „harten" Richtern viel höher ist.

Jugendrichterin „Gnadenlos" (diesen Namen gibt sie selbst im Buch an) **Kirsten Heisig** aus Berlin beschreibt in ihrem Buch „Das Ende der Geduld" einige Extrembeispiele aus ihrem Berufsleben. Dort haben meistens die Eltern, die Schule, die Jugendhilfe, die Justiz und die Gesellschaft versagt. Trotzdem schreibt sie: „Eine Verschärfung des Jugendgerichtsgesetzes halte ich im Wesentlich nicht für geeignet, um die Jugendgewaltkriminalität in den Griff zu bekommen. Weder frühere noch höhere Strafen werden sich langfristig als hilfreich erweisen."

Auch der Schweizer Bundesrichter **Hans Wiprächtiger** sagte im Interview (Tagesanzeiger vom 29.05.2009): „Härtere Strafen vermindern die Kriminalität also nicht. … Weder die Art noch die Höhe der Strafe schrecken ab. … Gewiss sollen die Opfer durch ein Urteil die Genugtuung erfahren, dass eine staatliche

Reaktion auf begangenes Unrecht erfolgt. ... Es ist populär, das Strafrecht zu missbrauchen — als vermeintliches Wundermittel gegen gesellschaftliche Missstände."

Prof. Dr. **Wolfgang Heinz** schreibt dazu: „Forderungen nach Verschärfung des Jugendstrafrechts stehen in krassem Widerspruch zu sämtlichen Erkenntnissen der Kriminologie. Danach ist von Sanktionsverschärfungen weder unter spezial- noch unter generalpräventiven Gesichtspunkten eine Reduzierung von Jugendkriminalität zu erwarten. - Dort aber, wo es zu Straftaten gekommen ist, wird die Rückfallwahrscheinlichkeit nicht durch Strafhärte gesenkt, sondern durch Maßnahmen, die Unrechtseinsicht wecken, Verständnis für das Opfer fördern (Täter-Opfer-Ausgleich), die Chancen sozialer Teilhabe verbessern und den jungen Straftäter durch Resozialisierung befähigen, künftig in sozialer Verantwortung ein Leben ohne Straftaten zu führen."

Auch der Vergleich zu anderen Länder zeigt, dass härtere Strafen nichts oder eher das Gegenteil bewirken. Die Anzahl der Morde in den 38 amerikanischen Bundesstaaten mit Todesstrafe ist keineswegs niedriger als in den 12 Staaten ohne diese Einrichtung. Aber auch im Wegsperren ist die USA ja Weltmeister – in absoluten Zahlen und im Verhältnis zur Bevölkerung. 2,3 Millionen Insassen verschlingen jährlich ca. 68 Mrd. Dollar. Es sind so um die **750 Gefangene auf 100.000** Einwohner. Und das Entsetzliche: Die Zahlen steigen auch noch!

In Deutschland befanden sich um die 77.000 Menschen in Haft, was umgerechnet **79 Gefangenen pro 100.000** Einwohnern entspricht. Sie können sich ja vorstellen, wie teuer es wäre, wenn wir mit den USA gleichziehen und eine Steigerung von fast 1.000% der Gefangenenanzahl hätten. Unser Strafrecht ist somit günstiger und trotzdem haben wir weniger Gewaltdelikte und weniger andere Straftaten.

3.3.3   Politik soll handeln

> *Die Bundeskanzlerin lässt einen weisen Mann zu sich kommen. Dieser führt das Buch der Torheiten. Die Bundeskanzlerin fragt: „Stehe ich auch darin?" - „Ja!" - „Warum?" - „Sie haben geldgierigen Menschen 50 Milliarden Euro mit der Bitte gegeben, dass sie sich in Zukunft fairer verhalten und weniger betrügen sollen." - „Und was wäre, wenn sie es wirklich tun würden?" - „Dann würde ich diese Leute ebenfalls in mein Buch schreiben."*

Übrigens hat das schielende Opossum Heidi zehnmal mehr Facebook-Freunde als Frau Merkel. Eines der größten Probleme in der Politik sehe ich darin, dass die Menschen oft das Beste für die eigene Partei möchten und nicht für die Bevölkerung, die sie gewählt haben. Schön konnte man dies nach dem Reaktorunglück in Japan (*Fukushima heißt übersetzt Glücksinsel*) beobachten. Plötzlich war die CDU auch gegen Atomkraft. Das gefiel den Grünen überhaupt nicht: „Moment mal, das ist unser Thema!" Übrigens sitzt der Ex-Chef und Vorzeige-Grüne Joschka Fischer jetzt im Aufsichtsrat beim Stromriesen RWE. Eine Greenpeace-Studie zeigt, dass der Anteil der Stromerzeugung aus erneuerbaren Energien bei RWE im Jahr 2009 bei nur 2,6% lag. Bisher setzt dieser Konzern immer noch auf Kohle, Gas und Atomkraft. Aber zurück zu den Grünen: Gerade an dieser „idealistischen" Friedenspartei konnte man auch sehen, dass sich einiges ändert, sobald man selbst bestimmen kann. *„Willst du den Charakter eines Menschen erkennen, so gib ihm Macht." (Abraham Lincoln)*

Das erste Mal Grüne in der Regierung (1998) und deutsche Soldaten marschieren ins Ausland (1999 Kosovo-Krieg). Nicht das Erreichte zählt, sondern das Erzählte reicht. Leider ist es bei den anderen Parteien ja nicht viel anders.

> *Treffen sich zwei Politiker: „In deiner tollen Rede über die Jugendarbeitslosigkeit, was hast du da noch einmal gesagt?" „Ich? Nichts!" „Das ist mir klar. Aber wie hast du es ausgedrückt?"*

Wobei es natürlich immer leicht ist, den Politikern alles in die Schuhe zu schieben. *Wollte ich wirklich etwas ändern, so sollte ich in die Politik gehen. Ich habe es versucht. Ich passe da irgendwie nicht hinein. Ich möchte offen aussprechen, was ich denke und was ich für richtig halte. Und mich nicht dem Willen der Partei unterwerfen.* Insgesamt haben wir ja das Glück, dass die Politiker in unserem Land fair gewählt wurden. Deshalb, wenn man auf die Politik schimpft, kann man sich als wahlberechtigter Bürger nur selbst an die Nase packen. Schließlich haben wir diese Regierung gewählt – *selbst schuld!*

Natürlich kann die Politik einiges ändern. Dazu müssen aber auch die Parteien gewählt werden, die auf solche Missstände hinweisen. In den 70er Jahren haben sich nur einige Ökos mit der Umweltverschmutzung beschäftigt. Die 80er Jahre brachten die ersten Wahlerfolge der Grünen. Und schon wurde das Thema Umweltschutz Programminhalt aller Parteien. Also können Wahlen doch etwas ändern.

> *„Wäre die Welt eine Bank, hättet ihr sie längst gerettet."*
> *(Greenpeace)*

3.3.4 Die Medien

„Was ist weiß und stört beim Essen?" - „Eine Lawine!"

Es gibt einfach Sachen, die nerven. In der guten alten Zeit bei den Griechen wurden Überbringer von schlechten Nachrichten noch hingerichtet, heute werden sie gut bezahlte Journalisten.

Bereits 1983 wurde von H. Bonfadelli festgestellt, dass sich der Fernsehkonsum auf die Wirklichkeitswahrnehmung auswirkt. Personen, die viel Fernsehen schauten, glaubten z.B., dass:

- es viel mehr Polizisten gibt (fünfmal mehr als in der Wirklichkeit) und

- es viel mehr Gewalttaten gibt (über zehnmal mehr als in der Wirklichkeit).

Die Medien und gerade Fernsehen und Internet beeinflussen die Menschen. Es gab Untersuchungen, dass nach vielen Berichten von Rechtsextremen, Hooligans oder Selbstmördern die Anzahl der Nachahmer anstieg.

Doch auch hier bestimmt der Konsument, was die Medien bringen. Auch wenn viel „Scheiße" im Fernsehen läuft, so läuft sie deshalb, weil es so viele schauen. Eine schlechte Quote und die Sache wird abgesetzt. Auch hier bekommt der Zuschauer nur das geliefert, was die Mehrheit möchte.

Sie können nicht mehr das Programm von heute bestimmen. Aber Sie können das Programm der Zukunft mitgestalten. Wenn Sie sich diesen Blödsinn anschauen, dann regen Sie sich bitte nicht darüber auf, dass das Programm immer schlimmer wird.

130

3.3.5 Seien Sie Vor-bild

„Die Kinder lernen doch nicht das, was wir sie lehren; sie lernen, was sie sehen. Und was sehen und lernen sie? Etwas anderes, als das wir lehren, nicht? Sie sehen, dass das Recht des Stärkeren wieder Überhand gewinnt gegenüber der Stärke des Rechts."
(Georg Schramm)

Das **Vorbild** ist eine Person, mit der ein Mensch sich identifiziert und dessen Verhaltensmuster er nachahmt oder nachzuahmen versucht. Der Psychologe Albert Bandura nannte es „Lernen am Modell", der Soziologe Robert K. Merten nannte es „Rollenmodell".

In Versuchen von Robert B. Cialdini spielten Kinder mit Hundeangst mit Kindern, die sie vorher im Spiel mit Hunden beobachten konnten. Dort zeigten diese keine Angst vor Hunden. In fast 70% der Fälle waren die Kinder nach vier Tagen bereit einen Hund zu streicheln. Außenseiter-Kindern im Kindergarten wurde ein Film gezeigt, in dem sie sich mit der Hauptfigur identifizieren konnten. Diese war Außenseiter und am Ende des Filmes in die Gruppe integriert. In 100% der Fälle spielte das Außenseiterkind danach in der Gruppe.

Leider funktioniert es auch in negativen Fällen. Zum Beispiel wurde 1774 das Buch „Die Leiden des jungen Werthers" von Johann Wolfgang von Goethe zum Trendsetter. In dem Buch geht es um einen jungen Mann, der hoffnungslos verliebt ist. Die Liebe hat keine Chance und deshalb bringt er sich um. Die Selbstmordrate stieg nach Erscheinen des Buches so stark an, dass das Werk verboten wurde. 1974 nannte es der Soziologe David Phillipps den „Werther-Effekt". Er stellte fest, dass nach Selbstmorden von berühmten Persönlichkeiten die Selbstmordrate in der Bevölkerung steigt. In Deutschland stieg nach dem Mehrteiler „Tod eines Schülers" die Selbstmordrate um 175% bei den 15- bis 19-Jährigen. In der Serie wird der Selbstmord eines Schülers aus verschiedenen Blickwinkeln gezeigt.

Umgangssprachlich sind mit Vorbildern aber meistens Personen gemeint, bei denen es sich auch lohnt, die Verhaltensmuster nachzuahmen. Also Personen, die etwas Besonderes geleistet haben. Dr. Klaus Steinbach (ehem. Präsident vom Nationalen Olympischen Komitee) sagte dazu: „Jeder Mensch braucht Vorbilder, denen sie oder er nacheifern kann. Ein Vorbild sollte eine oder mehrere der klassischen Grundtugenden wie Gerechtigkeit, Barmherzigkeit, Fairness und

Toleranz mit besonderen Fähigkeiten verbinden." Es gab da immer wieder Vorbilder, an denen sich Menschen orientieren konnten. Spontan fallen mir direkt einige ein:

Mahatma Gandhi (1869 - 1948) zählte zu den faszinierendsten Persönlichkeiten des 20. Jahrhunderts. Sein gewaltloses Eintreten gegen Diskriminierung in Südafrika und Indien machen ihn zusammen mit seiner Lehre zu einem der wichtigsten Vorbilder der Menschheit.

Albert Einstein (1879 - 1955) war ein theoretischer Physiker. Seine Beiträge veränderten maßgeblich das physikalische Weltbild. Einstein empfand bereits als Neunzehnjähriger während der Kaiser-Ära solchen Abscheu vor dem Militarismus und der Autoritätshörigkeit, dass er seine deutsche Staatsbürgerschaft ablegte. Zeit seines Lebens setzte er sich für den Pazifismus ein.

Albert Schweitzer (1875 - 1965) war ein evangelischer Theologe, Organist, Philosoph und Arzt. Er hatte ein sehr bewegtes Leben und setzte sich immer für den Frieden ein. Berühmt wurde er u.a. für die Gründung eines Krankenhauses im zentralafrikanischen Gabun.

Martin Luther King, Jr. (1929 - 1968) war Pastor und Bürgerrechtler. Er zählt zu den bedeutendsten Vertretern des Kampfes gegen soziale Unterdrückung und Rassismus. Zu seinen Lebzeiten setzte er sich besonders gegen die Rassentrennung in den USA ein.

Mutter Teresa (1910 - 1997) war eine katholische Ordensschwester und Trägerin des Friedensnobelpreises. Sie war durch ihre humanitären Hilfsprojekte für Arme weltweit bekannt und wurde von der römisch-katholischen Kirche selig gesprochen.

Diese Menschen haben alle etwas außergewöhnliches geleistet und dafür auch Opfer gebracht. Doch sie haben noch etwas miteinander gemein: sie sind alle tot. Heute bekommt man ja sogar schon den Friedensnobelpreis, wenn man nur Versprechungen macht. Auch hier ist noch einmal zu erwähnen, dass in der Mehrzahl der US-Bundesstaaten (38 – das sind 76%) die Todesstrafe nicht abgeschafft wurde. Was hat nun die Jugend von heute noch für Vorbilder zur Auswahl:

- Politiker, die ihre Promotionen fälschen und/oder sich bestechen lassen

- hochgelobte Manager, die Steuern hinterziehen und betrügen

- 50-jährige Fußballstars, die auf Teen-Mädchen stehen
- 40-jährige Politiker, die 16-jährige Mädchen lieben und gleichzeitig gegen das Wahlrecht von Jugendlichen sind, weil diese nicht reif genug sind
- drogenabhängige Rockstars, die oft mit 27 Jahren versterben
- Möchtegern-Gangster-Rapper, die auf „dicke Hose" machen
- DSDS-, Popstars-, GNTM- oder Bigbrother-Gewinner

Das Leben in der heutigen Welt scheint oft einem Monopoly-Spiel zu gleichen. Die einen bleiben ein Leben lang auf der Badstraße oder leben am Bahnhof. Andere machen mit Immobilien riesige Gewinne, besitzen die Schlossallee. Und das alles, obwohl sie die Hälfte der Zeit im Gefängnis verbracht haben. Die Rohstoffe der Erde werden hemmungslos verbraucht und zur Rettung werden einige Kisten Bier geleert. *Es gibt mittlerweile Geländewagen, die verbrauchen so viel Benzin, dass man sie mit laufendem Motor gar nicht volltanken kann.* Tierarten sterben aus und es gibt immer weniger Naturgebiete.

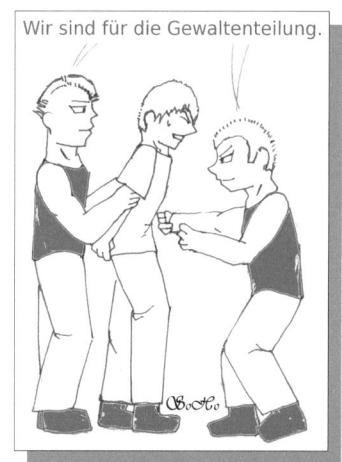

Wir sind für die Gewaltenteilung.

Was nutzt der Grünen-Politiker, der ständig durch die Gegend jetet oder der Lehrer, der stolz ist, dass er seit 30 Jahren keine Fortbildung mehr besucht hat. Ein Vor-**bild** ist jemand, der etwas selbst leistet und nicht <u>nur</u> darüber redet. Es ist leicht, andere auf falsches Verhalten hinzuweisen, *Rat-schläge* zu erteilen und als Wegweiser zu fungieren. Doch Wegweiser haben es einfacher: Sie können zwar die richtige Richtung zeigen, gehen den Weg aber nie selbst. Mahatma Gandhi sagte dazu: „Sei du der Wandel, den du in der Welt suchst!"

Gehen Sie den Weg vor, den andere auch gehen sollen.

„Hab Geduld. Nutze die Macht. Denk nach."
(*Jedi-Meister Obi Wan Kenobi*)

Nach-denken

„Solange Herz und Auge offen, um sich am Schönen zu erfreuen,
So lange darf man freudig hoffen, wird auch die Welt vorhanden sein.
(Wilhelm Busch)

Wenn Sie also die Kapitel aufmerksam gelesen haben, kennen Sie die Antwort auf die Frage: Sind die Jugendlichen von heute dick, doof und gewalttätig? Und sind sie wirklich schlimmer als früher? Hier noch einmal die Zusammenfassung:

Ist die Jugend von heute dick?

JA: Unsere Gesellschaft wird immer dicker und damit wird unsere Jugend natürlich auch dicker. Falsche Ernährung und Bequemlichkeit zeigen ihre Auswirkungen in allen Altersgruppen. *Die Rentner sind aber mit Abstand die Dicksten.*

Ist die Jugend von heute doof?

NEIN: Natürlich sollte ein 40-Jähriger mehr Wissen als ein 14-Jähriger haben.

Auch der Vergleich zu anderen Ländern zeigt, dass Kinder dort manchmal mehr lernen. In diesen Vergleichen schneiden Deutsche nicht sehr gut ab. Aber wie sah es früher aus? Der durchschnittliche Jugendliche von heute hat viel mehr Wissen im Kopf als noch vor 50 Jahren. Er muss mehr Medien beherrschen und flexibel auf die ganzen Neuerungen reagieren. Dafür kann er weniger Gedichte aufsagen. Insgesamt ist das durchschnittliche Wissen der Jugend in den letzten Jahrzehnten gestiegen. Und die IQ-Tests mussten erschwert werden, damit dass Mittelmaß bei dem IQ-Wert 100 bleibt.

Ist die Jugend von heute gewalttätig?

JA: Die Anzeigen von vielen Straftaten sind gestiegen. Und die Gehirnforschung zeigt, dass das jugendliche Gehirn einen *Schaden* hat. Der präfrontale Kortex befindet sich im Auf- und Umbau. Deshalb werden während dieser jungen Lebensphase (12. bis 25. Lebensjahr) die meisten Straftaten und andere Blödsinnsaktionen begangen.

Ist die Jugend gewalttätiger als früher?

NEIN: Insgesamt zeigen viele Statistiken, dass es nicht schlimmer geworden ist. Die letzten 60 Jahre sind dort keine erkennbaren Verschlimmerungen zu verzeichnen. Die letzten 15 Jahre zeigen sogar oft eine Verbesserung. Schriften, die über 3.000 Jahre alt sind, belegen, dass die Jugend immer schon schwierig war. *Und sie wird es wohl auch immer bleiben!*

Ich möchte die Punkte nicht verharmlosen und es gibt einfach immer noch zu viele Fette, Dumme und Gewalttätige. Wer ist nun schuld: Politiker, Lehrer, Bänker, keiner, alle oder Hitler? Ist es mangelndes Wissen oder ein Mangel an Interesse? *Weiß ich nicht und ist mir auch egal.* Es ist leicht einen Sündenbock zu finden. In einigen alten Riten wird das Sündenbock-Opfer zum Träger der Missetaten der Gesellschaft, die es durch seinen Tod versöhnt. Doch unsere Gesellschaft sollte sich von diesen Opferungen langsam entfernt haben. Es bringt nämlich meist nicht so viel.

Sie können natürlich nicht sofort die gesamte Gesellschaft ändern. Sie können aber schonmal bei sich anfangen. Erst einmal den Balken im eigenen Auge entfernen und dann den anderen auf dessen Splitter im Auge aufmerksam machen. Seien Sie Vor-bild für die Jugend. Welche Einstellungen und welche Werte sollte Ihrer Meinung nach die Jugend haben? Dann leben Sie diese auch bitte vor!

Sie möchten vielleicht, dass unsere Jugend toleranter ist. Dann (vor-)verurteilen Sie keine Jugendlichen, nur weil sie anders aussehen, als Sie es möchten. Wenn Sie intolerante Menschen nicht tolerieren, sind Sie nicht tolerant. Ein Fehler, den viele Möchtegern-Linke machen: „Ich bin so lange tolerant, bis der andere intolerant wird. Ich bin für Menschenrechte, bis der Mensch nicht dafür ist. Menschen, die gegen Menschenrechte sind, haben keine Rechte verdient."

„Hören Sie nicht das, was die Kritiker sagen. Für einen Kritiker ist noch nie ein Denkmal errichtet worden." (Jean Sibelius)

Um-denken

„Das Leben ist viel zu schnell vorbei. Wenn man nicht ab und zu stehenbleibt, könnte man es verpassen."
(Ferris Bueller in dem Film „Ferris macht blau")

Es sind die Erwachsenen, die diese Welt ändern können und nicht die Kinder. Hier sollten Theorie (z.B. Gehirnforschung) und Praxis (z.B. Pädagogik) zusammenarbeiten. Zur Zeit wird im pädagogischen Bereich noch viel aus dem Bauch heraus gearbeitet oder es wird auf Quantität (Menge) anstelle von Qualität gesetzt. Das Qualitätsmanagement, welches ohne Nachzudenken aus der Autoindustrie übernommen wurde, hinterlässt hier seine Spuren. Schließlich kann man in den Statistiken nach den „Qualitätsstandards" oft nur die Quantität und nicht die Qualität sehen. Ich möchte das mal mit der Zahnanzahl von Schnecken und Tigern vergleichen. Quantitativ sind Schnecken hier weit überlegen – sie haben bis zu 25.000 Zähne. Tiger haben nur 30 Zähne. Nach den „Qualitätsstandards" steht nun die Schnecke rund 833-mal besser da. Trotzdem ist hier die Qualität der Zähne bei einem Biss entscheidender. Ich würde mich auf jeden Fall lieber von zwölf Schnecken gleichzeitig (rund 300.000 Zähne) beissen lassen, als von einem Tiger (*nur* 30 Zähne). Ich bin also der Meinung, dass Qualität oft viel wichtiger ist als die Quantität.

„Das Glück im Leben hängt von den guten Gedanken ab, die man hat." (Mark Aurel)

Aber wo könnten wir in diesem Land qualitativ etwas verbessern, damit sich einiges zum Positiven wandelt?

Für ein gesundes Gleichgewicht:

- **Leben Sie es vor (Vor-bild)**
- Keine Werbung für Kinder (z.B. im Fernsehen)
- Aufklärung von Eltern über Ernährungs- und Mediengefahren
- Praktisches Fach in der Schule (Einkaufen, Kochen, Bewegung)
- Kennzeichnung und höhere Steuern auf ungesunde Lebensmittel

Für Intelligenz und Bildung:

- **Leben Sie es vor (Vor-bild)**
- Mehr Geld für Bildung, welches sinnvoll eingeplant wird
- Gehirngerecht lehren und lernen (Spaß und Beziehung)
- Mehr Gruppenarbeit und Verantwortung für junge Menschen (Peer-Group-Education)
- Änderung des Schulsystems (z.B. acht Jahre Grundschule)

Für ein friedliches Miteinander:

- **Leben Sie es vor (Vor-bild)**
- Demokratie in der Schule vermitteln (z.B. Klassenrat, Streitschlichtung)
- Mehr Pädagogen in Kindergärten, Schulen und Gefängnissen
- Wahlrecht ab der Geburt
- Soziales Training als ständiges Fach in der Schule (Training von Empathie, Kommunikation und Zusammenarbeit)

„Erfahrung heißt gar nichts. Man kann seine Sache auch 35 Jahre schlecht machen." (Kurt Tucholsky)

„Dunkel die andere Seite ist!"
„Yoda, halt's Maul und iss deinen Toast!"

Wenn man der heutigen Volkszählung glauben darf, leben heute ungefähr sieben Milliarden Menschen. 110 Milliarden Menschen hat die Erde schon gesehen. Das bedeutet, dass nur 84% der je gelebten Menschen verstorben sind. *Im Umkehrschluss bedeutet dies, dass die Aussage „Es kann nur einen geben" mathematisch falsch ist und dass jeder Mensch eine 16% Chance hat, zu leben. Diese sollten Sie nutzen, denn es gibt noch Hoffnung.*

Wer etwas gibt, bekommt auch etwas. In den siebziger Jahren schickten die Forscher P. Kunz und M. Woolcott an wildfremde Personen eine Weihnachtskarte. Fast alle schrieben zurück. So schlecht kann da die Menschheit wohl doch nicht sein. Und vielleicht sind Sie sogar ein noch besserer Mensch.

Vielleicht gehören Sie ja zu den Propheten dieser Welt, die nicht nur sich ändern können, sondern auch auf andere Menschen Einfluss haben. Das Berühren des Innersten des Menschen ist für so eine Änderung notwendig. Und dazu sind Wertschätzung und Empathie unabdingbar. Da sind sich mal die Gehirnforschung, einige pädagogische Ansätze und viele Therapieformen einig.

Und die Energie folgt der Aufmerksamkeit. Ihre Haltung sagt, wo es lang geht. Ihre Grundeinstellung ist also Kimme und Korn für Ihr Leben. Wenn Sie gegen etwas sind, können Sie nie Ihre gesamte Energie auf das Positive richten. Sagen Sie sich oft: „Ich möchte <u>nicht</u> in Schulden ertrinken." - werden Sie Schulden produzieren, weil ihr Gehirn und das Universum <u>nicht</u> **nicht** kennen. Unternehmen Sie **nur** etwas gegen Gewalt, werden Sie nie Frieden erhalten. Unternehmen Sie **nur** etwas gegen rechtsextreme Gewalt, werden Vor-urteile und Gewalt nicht abnehmen.

Ist es besser, wenn Anti-Faschisten einen Skinhead (Mensch) töten oder wenn Skinheads einen Türken (Mensch) töten? - Wenn Sie zu einer Seite tendieren, sind Sie gegen etwas. Wenn Sie die (oder sogar Ihre eigene) dunkle Seite hassen, befinden Sie sich bereits auf der dunklen Seite der Macht.

Das Geheimnis („*the secret*"): Bündeln Sie Ihre Energie **für** etwas und nicht gegen etwas. Da haben Sie viel mehr Kapazitäten zur Verfügung und können mehr erreichen. Es gibt dazu eine Menge Literatur (für Betriebswirte, Pädagogen, Esoteriker und SF-Fans).

Und wir können nicht verlangen, dass die Kinder und Jugendlichen die Welt ändern und verbessern. Dafür sind die Erwachsenen zuständig.

> *„Kinder sind gedankenlos, aber nicht berechnend böse; Das lernen sie erst von den Erwachsenen." (Martin Andersen Nexö)*

Ich hoffe, ich konnte Ihnen einige Anregungen und Ideen mit auf den Weg geben. Natürlich weiß ich, dass es viel leichter ist, darüber zu schreiben als es wirklich zu leben. Trotzdem: Machen Sie etwas daraus, damit der nächste Witz nicht auf Sie zutrifft.

> *Treffen sich zwei Säue am Trog. Fragt die eine: „Was gibt es heute zum Mittag?" Sagt die andere: „Ach – schon wieder nur Perlen."*

Informationen

„Bei einem Dichter zu klauen ist Diebstahl, bei vielen Dichtern klauen ist Recherche." (~~KTzG~~ Walter Moers)

Da ich weiß, dass dieses Buch nicht vollständig ist und einige Entwicklungsmöglichkeiten hat, verweise ich hier (*wie immer*) auf weitere Informationen.

Literaturempfehlungen

Bärsch, Tim: **Verhindern Sie Gewalt**
Wie haben Personen in gewalttätigen Situationen ihr kreatives Potential genutzt, um diese zu deeskalieren?
Über 100 Anregungen zum Thema Deeskalation für 9,99 €

Bärsch, Tim / Rohde, Marian: **Kommunikative Deeskalation**
Wissen aus den Fachbereichen der Kommunikation, des NLP, der Stressforschung, der Kampfkünste, der Pädagogik, der Neurobiologie und der Psychologie für 9,99 €

Bärsch, Tim: **125 Übungen zur Gewaltprävention**
Vertrauens-, Kooperations-, Kampfübungen u.v.m. nach den Gruppenphasen geordnet für Anti-Gewalt und Deeskalationstrainings für 9,99 €

Bärsch, Sibylle / Bärsch, Tim: **Theorien zur Gewalt**
Forschungs-, Theorie-, Erklärungs- und Präventionsansätze
148 Seiten Wissen über Gewalt und Gewaltprävention für 6 €
Bestellung <u>nur</u> über die Edition Zebra (siehe nächste Seite)

Das Buch „Theorien zur Gewalt" und die nachfolgenden Bücher mit Verlagsort Schwerte sind <u>nur</u> über die Edition Zebra der Gewalt Akademie zu bekommen.

Tel.: 02304 – 755190   Fax: 02304 – 755295
Internet: www.gewaltakademie.de
Email: g.kirchhoff@aej-haus-villigst.de

- Bartens, Werner: **Glücksmedizin**; München 2011
- Birkenbihl, Vera F.: **Warum wir andere in die Pfanne hauen ...;** Paderborn 2005
- Bohne, Michael: **Feng Shui gegen das Gerümpel im Kopf**; HH 2007
- Feustel, Bert / Komarek, Iris: **NLP-Trainingsprogramm**, München 2006
- GAV (Hrsg.): **Impulse und Übungen - Teil 1 - 3**; Schwerte 1996 – 2007
- Gigerenzer, Gerd: **Bauchentscheidungen**; München 2008
- Grimm, Hans-Ulrich: **Die Ernährungslüge**; München 2011
- Havener, Thorsten: **Ich weiß, was du denkst**; Hamburg 2009
- Havener, T. / Spitzbart. M.: **Denken Sie nicht an einen blauen Elefanten**; Reinbek 2010
- Karkalis, André / Kernspecht, Keith R.: **Verteidige Dich³**; Burg / Fehmarn 2003
- Küstenmacher, Werner Tiki / Seiwert, Lothar J.: **simplify your life**; München 2004
- Meis, M. S. / Rhode, R.: **Wenn Nervensägen an unseren Nerven sägen;** München 2006
- Pease, A. / Pease, B.: **Die kalte Schulter und der warme Händedruck**; Berlin 2006
- Posselt, Ralf-Erik: **Gewalt löst keine Probleme**; Schwerte 2000
- Prior, Manfred: **MiniMax-Interventionen**; Heidelberg 2007
- Riederle, Josef: **Kampfesspiele;** Schwerte 2003
- Rosenberg, Marshall B.: **Gewaltfreie Kommunikation**; Paderborn 2004
- Schlafhorst, Holger R. u.a.: **Der Umgang mit Menschen**; Ingelheim 2003
- Schubart, W.: **Gewaltprävention in Schule und Jugendhilfe**; Brühl 2000
- Schulz von Thun, F.: **Miteinander Reden 1 - 3**; Hamburg 2006
- Schwarz, A. A. / Schweppe, R. P.: **Praxisbuch NLP**; München 2007
- Watzlawick, Paul: **Anleitung zum Unglücklichsein;** München 2008

Weiterführende Literatur

- Bandura, Albert: **Aggression**; Stuttgart 1979
- Beaulieu, Danie: **Klimazone Klassenzimmer;** Heidelberg 2008
- Bezirksregierung NRW (Hrsg.): **Gewalt gegen Lehrkräfte**; Münster 2005
- Birkenbihl, Vera F.: **Kommunikation und Rhetorik;** München 2003
- Bongartz, Ralf / Meis, Mona Sabine / Rhode, Rudi: **Angriff ... ist die schlechteste Verteidigung**; Paderborn 2003
- Bonner, Stefan / Weiss, Anne: **Generation Doof**; Ulm 2008
- Cleese, John / Skynner: **... Familie sein dagegen sehr**; Paderborn 2000
- Gall R. / Kilb R. / Weidner J.: **Konfrontative Pädagogik in der Schule;** Weinheim 2006
- Gerlach, Nicole M.: **Mobbing;** Schwerte 2009
- Gilsdorf, R. / Kistner, G. : **Kooperative Abenteuerspiele 1 + 2**; Seelze-Veber 2002/3
- Golemann, Daniel: **Emotionale Intelligenz**; München 1997
- Grabs, Roland: **Sportjugend gegen Gewalt**; Duisburg 1997
- Grimm, Hans-Ulrich: **Die Suppe lügt**; München 2008
- Gruhl, Monika: **Die Strategie der Stehauf-Menschen**; Freiburg 2008
- Gugel, Günther: **Gewalt und Gewaltprävention**; Tübingen 2006
- Havener, Thorsten: **Denk doch, was Du willst**; Hamburg 2011
- Hees, Katja / Wahl, Klaus: **Täter oder Opfer?**; München 2009
- Hofinger, Gesine (Hrsg.): **Kommunikation in kritischen Situationen**; Frankfurt 2005
- Hurrelmann, Klaus: **Lebensphase Jugend**; Weinheim 1999
- Jehn, Otto / Kilb, Rainer / Weidner, Jens (Hrsg.): **Gewalt im Griff III**; Weinheim 2003
- Kernspecht, Keith R.: **BlitzDefence - Die Strategie gegen den Schläger;** Burg / Fehmarn 2000
- Kernspecht, Keith R.: **Kampflogik 3!**; Burg / Fehmarn 2011
- Kilb, Rainer / Kreft, Dieter / Weidner, Jens (Hrsg.): **Gewalt im Griff I**; Weinheim 1997
- Kumbier, D. / Schulz von Thun, F. (Hrsg.): **Interkulturelle Kommunikation**; Hamburg 2006

- Lohmann, Friedrich: **Konflikte lösen mit NLP**; Paderborn 2003
- MacDonald, Matthew: **Dein Gehirn-Das fehlende Handbuch**; Köln 2009
- Maeyer, Gregie de / Vanmechelen, Koen: **Juul**; Weinheim 1997
- Schaller, Beat: **Die Macht der Psyche**; Wien 2002
- Spitzer, Manfred: **Lernen**; München 2007
- Strobel, Tatjana: **Ich weiß, wie du fühlst**; München 2011
- Taylor, David: **the naked leader**; Wien 2004
- Weidner, J.: **Anti-Aggressivitäts-Training für Gewalttäter**; Bonn 1997

Internetseiten

Natürlich ist es keine angenehme Sache festzustellen, dass die Leute, die mit einem übereinstimmen, vollkommen wahnsinnig sind. (Philipp K. Dick)

www.aheyer.de
www.axel-dumschat.de
www.baer-sch.de
www.bayern.jugendschutz.de
www.bka.de
www.bpb.de
www.coolness-training.de
www.dominik-brunner-stiftung.de
www.drogenbeauftragte.de
www.dvnlp.de
www.dv-gp.de
www.ewto-gewaltpraevention.de
www.fassmichnichtan.de
www.faustlos.de
www.flora-silikat.de
www.friedenspaedagogik.de
www.gewaltakademie.de
www.holger-schlafhorst.de
www.idaev.de

www.jugend.essen.de
www.karkalis-pr.com
www.kfn.de
www.ki.uni-konstanz.de/kik/
www.konfrontative-paedagogik.de
www.labor-k.de
www.lehrerinfo-bayern.de
www.lidia-bayern.de
www.lions-clubs.de
www.martin-sattler-sv.de
www.prof-jens-weidner.de
www.rabe-deeskalation.de
www.redok.de
www.schulberatung.bayern.de
www.schulen.regensburg.de
www.schulische-gewaltpraevention.de
www.verfassungsschutz.de
www.wingtsunwelt.com
www.wikipedia.de

Autor

„Ich bin ein Zauberkünstler. ... Es gibt ein paar Leute, die nennen mich Tim." (Zauberer in Monty Pythons „Ritter der Kokosnuss")

Tim Bärsch

- Mensch mit Jahrgang 1972, Sohn, Enkel, Vater, Ehe- und Mann u.v.m.
- Diplom-Sozialarbeiter / Diplom-Sozialpädagoge / Universitäts-Lehrkraft
- Anti-Aggressivitäts-, Coolness-, WingTsun- und Deeskalationslehrtrainer
- Systemischer und NLP-Coach (ProC / DVNLP)
- Erfahrungen in den Bereichen Gewaltprävention (alle Altersklassen), Kampfkunst, Sicherheitsdienst, Jugendamt und Erwachsenenbildung

Für Fragen, Anregungen, Kritik, Konzepterstellungen, Mitarbeiterschulungen und Fortbildungsangebote stehe ich Ihnen gerne zur Verfügung.

BaER® Schulungszentrum Essen
Bewältigung aggressiver Emotionen & Reaktionen
Deeskalation, Gewaltprävention und Coaching
Geschäftsführung: Tim Bärsch
Internet: www.baer-sch.de
Epost: kontakt@baer-sch.de